教えて！先生シリーズ

平井先生。図書館では、視覚障害がある方に向けてどんな支援ができるの？

～ストーリーでわかる視覚障害者サービスの考え方～

【監修】ロゴス点字図書館　館長
平井　利依子

目次

※読者特典オリジナル動画&資料の「著作権法第37条を読み解きましょう」のダウンロード情報は158ページにあります。

【登場人物】

●**井上　和美**：この物語の主人公で三十七歳。大学時代に司書資格を取得。広島県の図書館で司書として勤めていたが、ＩＴ関連会社に勤める夫の東京転勤に帯同するため、二十六歳で上京。しばらく専業主婦だったが、下の子どもが小学生になったのを機に、三十五歳で東京都内の図書館で派遣として勤務再開。神奈川県の東上（とうじょう）市立中央図書館で勤務開始してから一年半になる。

●**澤田　舞香**：和美の同僚で非正規職員。和美より三歳年下の独身。和美の仕事に対する熱意ほどではないが、最低限レベルでの利用者サービスへの使命感は持っている。

●**山田　義人**：和美の直属の上司。和美より六歳年上で四十三歳の中間管理職。

●**橋本　幸子**：和美が視覚障害者サービスについて話を聞きに行く公共図書館の職員。自身も視覚障害者である。

●**真島　由紀**：東上市立中央図書館にロゴス点字図書館から紹介されてきた音訳・朗読ボランティア。

●**西田館長**　：ロゴス点字図書館館長の西田館長本人。　※二〇二三年三月時点の情報です。

●**平井利依子**：一九八九年、神奈川県ライトセンターに入社し貸出、受入等司書業務を担当。二〇〇〇年に神奈川県立図書館へ半年間転勤（人事交流）した後、二〇〇四年に録音・拡大写本（ボランティア養成、活動のケア等）担当、二〇一〇年に貸出・受入等の司書業務を担当する傍ら、拡大写本蔵書製作を立ち上げる。二〇一六年にボランティア担当も兼務。二〇一八年から総務を担当した後、同年十二月に神奈川県ライトセンターを退職。二〇一九年にロゴス点字図書館に入社し、二〇二三年七月現在は館長。二〇〇二〜二〇〇四年に全国視覚障害者情報提供施設協会サービス委員会目録プロジェクト委員を務め、二〇〇七年から現在まで、同協会の著作権プロジェクト委員。二〇一五年には公益社団法人日本図書館協会認定司書（第１１０７号）を取得。

※この作品はフィクションです。平井利依子先生と西田館長、ロゴス点字図書館以外の登場人物、団体、出来事などはすべて架空の名称です。

第1章

和美、視覚障害者サービスに直面する

■ 第1章　和美、視覚障害者サービスに直面する

［和美と舞香の日常］

「あ、舞香ちゃん。お疲れ様。会議室は片付いたの？　今回の見計い、今までにない感じだったね。見計いって、普通、本を見せてもらって、内容を皆で確認するような感じだよね。今回は、むしろ、なんだか、会社の説明会のような感じだったよね。ほら、就活の会社説明を聞いているみたいな。あれ、舞香ちゃんが電話受けたときから、ああいう内容のお話だったの？」

本や書類が境界のように積まれた向こう側の対面の机に、あたふたと戻ってきた舞香に向かって、和美は尋ねた。午後一番から舞香担当の見計いを会議室で行なっていて、和美を含めて職員が十人近く参加していた。

「う〜ん。色々変わったところがある話だなとは思っていたんですけどね。見計いに来るのが社長っていうのも珍しいし、その社長が女性で、若い感じなのも、ちょっとびっくりだし。あとは、見計らいで見る本が、利用者さんももちろん使えますけど、基本的にレファレンス用の索引っていう所がユニークなんですよね。あとは、やっぱり、会社の成り立ちとか、そういうことをきちんと説明してから商品の説明に入るっていう、なんかこう、式次第がきちんと

できている感じで、すごかったですよね」

　舞香が持ち帰った書類を引き出しに入れて片付けながら答えた。和美も見計いでもらった資料の束に視線を落とし、一枚一枚めくって見ながら、舞香に言った。

「そうそう。もう一人の若い女性も役員なんだよ。なんかすごい会社だよね。ちょっと興味湧いて、若い方の役員さん、えっと、奥田さんに、社長の年を聞いちゃった。私とあんまり変わらない年でさ、驚いちゃったよ。それにさ、名前も珍しいよね。本人も『一膳、二膳、三膳の三膳と書いてミヨシです』って言ってたけど、一発で覚えちゃったよ。こなれているよね、話し方がさ。この三膳社長」

　そう言い終えた和美が舞香の反応を期待して目を上げると、舞香の目線は壁の脇のガラスを通して向こう側のレファレンス・カウンターに投げられていた。「あっ」と言って、舞香は席を立って小走りにカウンターに向かって行った。和美が振り返ってカウンターの方を見ると、契約社員のスタッフさんがカウンターに来ている利用者の対応に何か困っているようだ。利用者はにこやかに何かを問いかけているので、特にクレームということではないのかもしれないが、舞香はヘルプに行った方が良いと思ったのだろう。

（まあ、私まで行かなくても大丈夫そうだよな）と思い直し、和美は先程の見計いの会社、ＤＢジャパンが置いていったチラシやパンフレットに再び目を通し始めた。この会社は索引を始めとした書籍の出版だけではなく、司書の研修のようなサービスも手掛けているようだ。（司書の研修か。まあ、あんまり受ける機会がないからなぁ。それを動画で何とかするサービスがあるんだな）と「図書館司書　スキル・カテゴリー構成図」と書かれた楕円の図を見ながら考えていた。

　しばらく経つと、舞香が席に戻ってきて和美に話しかける。

「ああ。一段落。ん〜。なんか最近多くなってきたような気がするんですよ」

　和美が「さっきの利用者の方、どうしたの？　気難しい感じとかクレームって感じには見えなかったけど」と尋ねるが早いか、舞香は待ってましたとばかりに口を開いた。

「ああ、全然問題のある感じではなくて、単純な質問をいくつかって感じだったんですけど、障害者サービスの件で。何か最近一駅隣りの辺りに引っ越してきて、ここに図書館があるって分かったので『利用したい』ってことで、ご自身は晴眼者なんですけど、同居のお母さまが全盲に近い状態の弱視のようなんです。それで、以前住んでいた同じ神奈川県内の宮下市の図書館と同じようなサービ

図書館司書スキル・カテゴリー構成図 Ver2.8

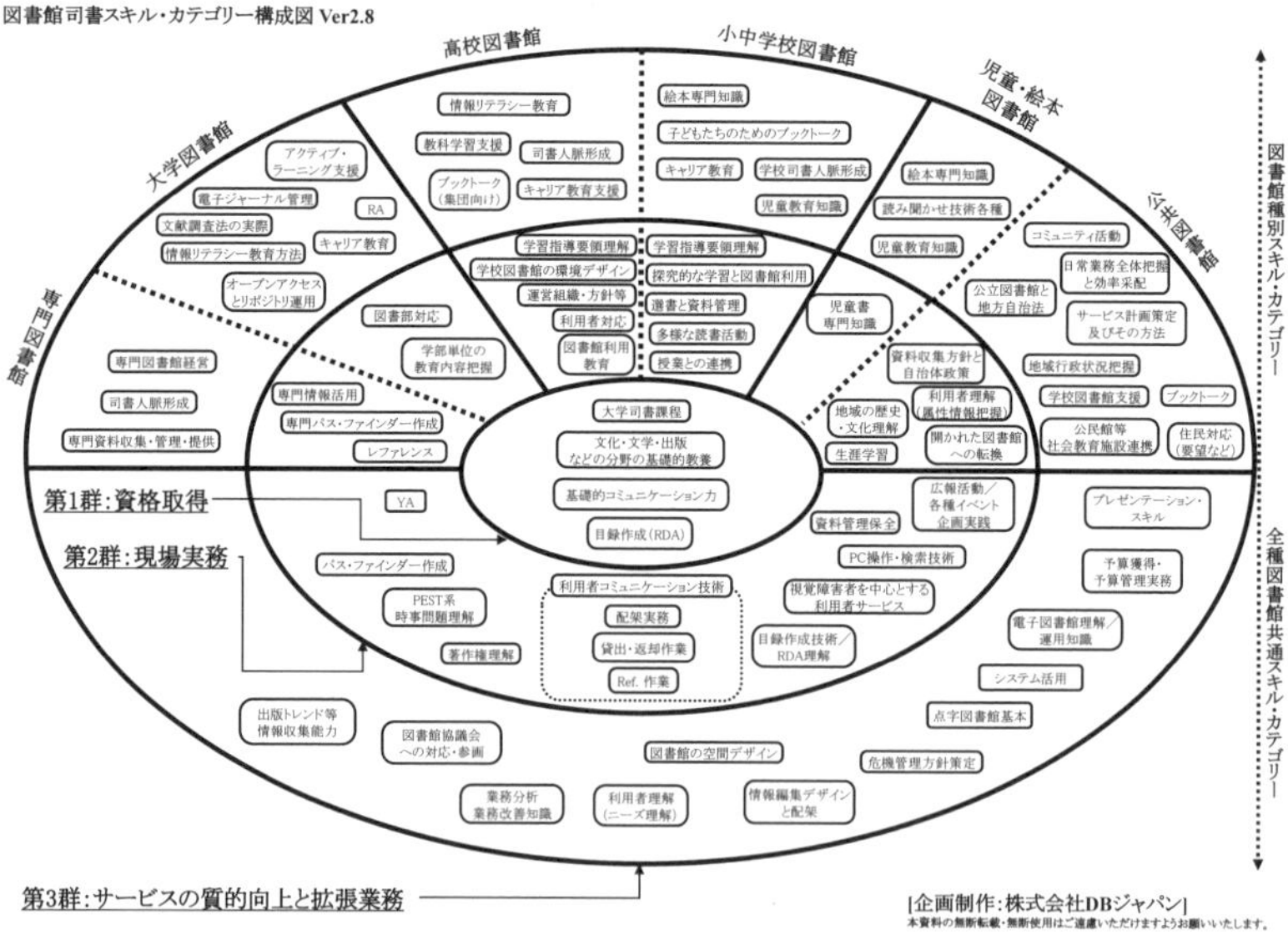

[企画制作：株式会社DBジャパン]

スを色々受けられるんですかって言うような感じの質問が幾つかで……」

「なるほど。それは、スタッフさんでは大変だよね。そうか……。確かに最近ちょっと増えている感じが私もしていた。そういう問い合わせ」と和美が続きを言おうとすると、舞香が教えてくれた。

「井上さん。もう次の会議の時間ですよ。早く行った方がいいんじゃないですか」

和美は「ああ、ほんとだ。まずい！　月例会議が始まっちゃう」と立ち上がって、慌ててノートをつかんで会議室に向かった。

【月例会議】

「それじゃあ、みんな揃ったかな。月例会議を始めます」

山田課長が通る声で言った。息を整えつつ、ロの字に置かれた長テーブルの右側の辺りに席を取って、和美はノートを広げると「よろしくお願いします」といつものように皆と唱和した。山田課長含む主要な中堅クラスの職員数人でその日の午前中に行なわれている管理職会議の内容から、一般の職員たちも自分達に関わることを聞くために月例会議を開催している。最近は、課長が参加者の教育も兼ねて、図書館に関わる制度や利用者の変化などについて時間を取って説明してくれることもある。

「え～と、それじゃあ、本日の話題に早速入ります。管理職会議の話は、予算取りとか、皆も既に知っている、一階のＰＣスペースなどの椅子の取り換えとか、あとは、壁の工事の予定とか、そういったことが多かったので、それはチャットツールにあげておきますので、きちんと確認しておいてください。それで、今日皆と話をしたかったのは、最近話題になっている障害者支援です。管理職会議でも、そろそろウチの館もきちんと取り組んで行く必要があるのではないかという話になって、意見交換をしました」

課長はそう言って、「障害者支援」と微かに呟きながら、多くの参加者がノートにその言葉を書きつけているのを見渡して、「うん。そう」と微かな笑顔を浮かべて頷いた。

「管理職会議でも出ていたから、既に気付いている人も多いと思うけど、最近、と言っても、概ね過去一、二年ぐらい、障害者の人々に対するサービスについての問い合わせが増えているね。もちろん、障害者と一口に言っても、その障害の内容は本当に個々人でバラバラで、車椅子に乗っている人もいれば、目が不自由な人もいるし、耳が聞こえない人もいれば、ディスレクシアや、失読症の人とか。様々な人がいる。だから、そういう人々へのサービスはカウンターとかの担当スタッフはもちろん、みんなもきちんと学んでおかないと、なかなかマニュアル的に進められるようなことではないと分かってもらえると思う」

課長はまた話を聞きながらメモを続ける参加者を見渡して、一旦言葉を切った。和美は（ああ。まさにさっきも舞香が対応していたな。この話題か）と思いながら、話を聞いていた。

「もちろん、完璧とは言えないけれども、車椅子の利用者への対応は、全国どの館でも、ある程度は進んでいます。よく分かるのは、移動ルート上の段差をスロープにしたり、自動ドアの設置もそうだし、多目的トイレやエレベーターの設置とか、こういった最低ラインの設備はかなり普及しています。一つずつ片付けようというわけでもないのだけれども、最近増えている障害のタイプは、視覚障害の分野です。電話問い合わせの記録を見ても、『点字図書はどれぐらいあるのですか』、『借りられますか』というものや、割合は少ないけれども『対面朗読はお願いできますか』とかいうカウンターでの問い合わせもあったりする。皆は、こういった視覚障害の利用者への対応についての問い合わせを受けたことがあるかな」

課長が呼び掛けたので、和美がすっと手を挙げると、課長が「井上さん」と発言を促した。

「はい。つい先ほども、宮下市から転居してきた方が、視覚障害者のお母様向けのサービスにはどのようなものがあるのか聞きたいというお話をカウンターでしていて、スタッフさんが対応にちょっと困っていたのを澤田さんがヘルプに入っていました。どうも、既に以前お住まいになっていた地域でも視覚障害者の方への何らかのサービスを受けていたようで、そのようなことをウチの館ではできるのかということを、詳しく聞いていたようでした。特に苦情ではなく、穏やかにお話しして帰っていらっしゃったということのようですが。いずれにせよ、課長が今仰ったようなことを、何か取り組むべきなのかなとは思っていたところです」

そう和美が言うと、課長が「なるほど。他館でも動きがそれなりに出てきているということなんだろうね」と頷きつつ、考えを巡らせている様子だった。そして課長はやにわに顔を上げると、問いかけた。

「他館が動き始めている背景はみんなも知っているね」

和美の頭に「読書バリアフリー法」という言葉が浮かぶのと前後して、その言葉を参加者のうち何人かが小さな声で言った。

「そう。その通り。この際、読書バリアフリー法についても、みんなの知識に間違いがないようにしておくために、ちょっとだけ簡単に復習しておこうか」

課長はそう言うと、自分の後ろにあるホワイトボードの中心に「読書バリアフリー法」と書いた。そしてその下に正式名称である「視覚障害者等の読書環境の整備の推進に関する法律」とやや小さめの字で書きならべた。

「正式な名称は、『視覚障害者等の読書環境の整備の推進に関する法律』だね。こう聞いても、全然『読書バリアフリー……』って感じに聞こえないけどね。ただ、知っている人も多いと思うけど、図書館において、『読書バリアフリー法』がなくても、本来同じ趣旨の話は既に存在していて、『図書館の自由に関する宣言』の中にも、『図書館は、基本的人権のひとつとして知る自由をもつ国民に、資料と施設を提供することをもっとも重要な任務とする。』という項目があるんだね。その中にさらに細かな記述があって、『すべての国民は、図書館利用に公平な権利をもっており、人種、信条、性別、年齢やそのおかれている条件等によっていかなる差別もあってはならない。外国人も、その権利は保障される。』となっているんだね。ちょっと大事だから書いておこうか」

課長は長い文章をきちんとホワイトボードの余白スペースに収まるように手慣れた感じで、キュッキュッとマーカーの音を立てながら書き加えた。その慣れていて正確な様子に和美はやや見入っていたが、その間にも、課長は書き終えて話を進めようとしていた。

「つまり、知る自由はどのような条件によっても差別されてはいけないということだね。とすると、ここで言葉で具体的に言及はされていないけれども、障害のある人たちにも知る権利が保障されていなくてはならなくて、図書館ではそれを満たすようにしなくてはならないということになるね。このすべての人の中で、障害者というポイントに焦点が合う形になった流れが別の所から始まるんだな。それは二〇一四年に 国連の『障害者の権利に関する条約』を日本も批准したことだね。この条約の中には、『障害者があらゆる形態の意思疎通によって表現及び意見の自由についての権利を行使できるようにすること』とか『障害者の生涯学習の機会を確保すること』、さらに『障害者が利用しやすい様式を通じて、文化的な作品を享受する機会を確保すること』とかの内容が規定されているんだな」

間違ったことを書いてはいけないと思ったのか、課長は自分の手元のメモを見ながら話すようになった。しかし、その滑らかな口調は、課長の頭の中には完全に話の流れとその知識が詰まっていることを物語っていた。和美の頭の中には（課長、頭のデキが違うな。大学どこだっけ？）などと疑問がモクモクと湧いてきていた。

「この批准をするにあたって国内では、二〇一一年に『改正障害者基本法』、二〇一三年に『障害者差別解消法』が成立しているね。この二つの法律の存在を基に批准が行なわれたわけだけど、並行してもう一つ大事な条約ができている。これも名前がとても長いから、ちょっとホワイトボードの端の方に書いておこうか。『盲人、視覚障害者その他の印刷物の判読に障害のある者が発行された著作物を利用する機会を促進するためのマラケシュ条約』だね。面倒なので最後の所を取って、『マラケシュ条約』と呼ばれているね。この条約の意義が大きい所は、〝読書の障害のある人〟の定義が公的に為されて世界標準ができたことだね。それは、単に盲人だけではなくて、弱視や各種の視覚障害の人々はもちろん、たとえば、何らかの身体の障害で本や電子書籍の端末を持つことができない人とか、先程ちょっと触れたディスレクシアの人々とか、そういう人も全部含まれるということを言っているんだな。で、こういう流れを経て、令和元年に『読書バリアフリー法』が成立したんだね。国が国内で〝読書がバリアフリーになっていないこと〟を認めて、対応をしなくてはいけないということになったのが、この法律が成立した最大の意義と言えるだろうね。そして、国は、視覚障害者等の読書環境の整備の推進に関する施策を総合的に策定・実施しなくてはいけないという〝計画策定義務〟まで明記したんだね。こんなふうに言われると、たとえば全盲の人でも点字図書や音訳書籍がたくさんあるから、それが読めるじゃないかと思うかもしれないけれど、ウチの館でも、そういった書籍の数は凄く限られているよね。それはウチの館が公共図書館で、従前通り健常者の利用者を意識しているからというだけのことではないんだよね。ウチの図書館どころか、点字や音声データを提供するサピエ図書館（※1）でさえ、八十万タイトルくらいしかないはずだから、たとえば国会図書館とかの千万単位のタイトルには全く及んでいないことが分かるね。これが、〝読書がバリアフリーになっていないこと〟という論点なんだな」

数字の比較が出た所で、参加者の多くは「なるほど」というように、驚きを以て頷いていた。和美もそんな具体的な数字を考えたことがなく、読書バリアフリー法の意義の大きさが漸く実感できたように思えた。

「読書バリアフリー法とその策定された計画によって、幾つか画期的な展開があったことも覚えておいて欲しいな。一つはやはり、著作権の話だね。正確に言うとマラケシュ条約の前の段階から動きは出ているんだけど、読書バリアフリー法の成立によって、広く認識されるようになったという側面はあるように思う。二〇〇九年にあった著作権法の改正について概要をざっくり話すと、図書館にとって大きな動きであって、これまで点字図書館のような視覚障害

※1　視覚障害者をはじめ、目で文字を読むことが困難な方々に対して、点字や音声図書など各種の情報を提供する電子図書館。

者福祉施設だけが、著作権者からの許諾無しに貸出用として録音図書を製作できていたけれど、公共図書館、大学図書館、学校図書館、国立国会図書館等でも著作権者の許諾無しに製作できるように、適用対象施設の範囲が広がったんだ。そして、録音図書以外でも、拡大図書やテキストデータ等必要な形式を複製、譲渡できるようになった。それだけでなく、二〇一八年の一部改正では、図書館関係の権利制限規定の見直しがあって、肢体不自由等により、視覚には障害がないものの、ページをめくれないなど、読むことが難しい人などが対象に含まれることが明文化されたんだ。そして、一定の条件を満たしたボランティア団体等についても、許諾を得ないで製作できることが認められた。そして、公衆送信、つまりインターネット配信やメール添付による提供もできるようになったというわけだ。あとは、そうだな。『アクセシブル』という概念が出て来て、そうしやすいのは皆も知っているだろうけど、DAISY（デイジー）（※2）のようなメディアや読上機能付きの電子書籍なども広がって、自ずと、紙メディア以外の普及促進を推し進める結果に導いた点もかなり大きいと思うね。それと、読書バリアフリー法は図書館のための法律ではないので、障害者の読書の手段として本を借りること以外に買うことだって含まれるから、一般の出版社や書店などもこの動きを取り込まなくてはならなくなっている点も、知っておくべき論点だね」

一気に話をして課長は、「大体こんな感じかな」と一呼吸置いた。和美も他の参加者も既にノートには何ページにもわたって色々なことが書き込まれていた。月例会議は大抵メモが大量になることが多いが、今回は取り分け多いよ

※2　Digital Accessible Information Systemの略。
　視覚障害者や普通の印刷物を読むことが困難な人々のための、カセットに代わるデジタル録音図書のこと。

○障害に関連する法律について

★2019年6月21日
読書バリアフリー法（視覚障害者等の読書環境の整備の推進に関する法律）が成立

〜それまでの法改正や条約の動きなど〜
■2011年　障害者基本法の改正
■2013年　障害者差別解消法の成立、障害者雇用促進法の改正
マラケシュ条約（盲人、視覚障害者その他の印刷物の判読に障害のある者が発行された著作物を利用する機会を促進するためのマラケシュ条約）の採択

うに和美は感じた。法律関係の厳密な定義などをきちんと踏まえつつ学ぶことがやや苦手な和美には、今回の話が元々苦手感がある上に、途方もなくやるべきことが多く、現実から乖離した理想を掲げたものに漠然と思えたが、その漠然たる思いを整理してみる余裕さえなく書き取りをしていた。「それじゃあ」と課長は皆を見渡して話を再開した。

「図書館では何ができるか……ってことになるね。国が策定した計画の方針の中に、〝視覚障害者等の障害の種類・程度に応じた配慮〟っていうのがあるんだね。つまり、障害のありかたは人それぞれで、その個々の利用者の状況に応じたサービスをしなさいということなんだけど、どんな人が来ても万全の体制……っていうのを作るのは、はるか遠い理想像であるように私は感じている。なので、できること、やれることからやっていって、少しでも理想に向けて前進するということが大事だと思うんだ。なので、他は何もしないということではないけれど、まずは、視覚障害者に何ができるかという点から取り組んでみようかと思っていて、さっき管理職の会議でもそんなふうに話がまとまったんだよ。ただ、この視覚障害のある人と言っても、さっき言った通り、全盲の人もいれば、

弱視の人もいたりするから、必ずしも皆白い杖をついて来るわけでも、盲導犬と共に来るわけでもない。ただ、視覚に障害のあると括れる人だけでも、まずはモデル化できると思うから、そこからウチの館のサービス改善を考えてみたいと思っているんだ。そこで、そうだなぁ。じゃあ、井上さん！」

課長が突然和美の名前を呼んだので、和美は驚いて、ペンを落としそうになった、「あ。はい」と返事をして斜め前の課長を見た。

「じゃあ、井上さん。澤田さんにも手伝ってもらって良いし、大雑把で良いので、ウチの館で視覚障害者に対するサービス改善をするということで、どんなことができるかを簡単にまとめて、今度の会議で発表してくれるかな。できれば、他館の事例なんかも踏まえた内容だと嬉しいね。館長とかにも諮ったりしなくてはならないし、場合によっては予算組みが必要なこともあるだろうから、そのまますぐにやるということにはならないかもしれないけれども、この場にいる皆も含めて、ウチの館は何ができるのかの選択肢を共有できたら良いんじゃないかと思うので、ちょっとやってみてくれるかな」

課長は微笑みながら告げた。

「やってみてくれるかな」と言う言葉であっても、もちろん業務の指示であることは、和美もよく分かっている。確かに気になっていることではあったなと和美は思い直し、「はい。分かりました。どんなふうにリサーチするかも含めて、時々課長に相談すると思いますが、取り敢えず、色々考えてあたってみます」と応じた。

和美の色よい返事に課長も機嫌が良くなり、

「そうだね。日常業務の調整も必要になる場面もあるだろうから、何でも相談でも依頼でもしてください。じゃあ、この件よろしくお願いします。今日の話に特に質問がある人はいるかな。いなければ、今日は解散。皆さん、お疲れさまでした」

課長が言うと、参加者は口々にお疲れさまでしたと言いつつ、会議室を三々五々後にした。他の参加者と前後して事務室に戻ってきた和美は、倒れ込むように席に腰かけ、自席でＰＣ入力の作業をしていた舞香に事の次第を説明した。

■ 第2章

和美、ロゴス点字図書館を訪ねる

第2章　和美、ロゴス点字図書館を訪ねる

［ロゴス点字図書館と平井利依子さん］

「ほら、前に言っていた『一膳、二膳、三膳の三膳社長』の会社あるじゃないですか。この前、私が見計いを開くことにした。あのDBジャパンっていう会社が司書の研修みたいなことをしているって話を、もう一人の人、えっと、奥田さんか。あの人が言っていましたよね。それ、貰ったパンフレットから調べてみたんですけど、なんか、やっぱりこっちも変わってますよ、あの会社。スマホでも見られる……っていう動画なんですよ。一本三十分ぐらいで『司書トレ』って言うんです。PCでも検索したらすぐ出てきましたよ。井上さん、見ました？」

まずは、自分の館の書籍から調べるかと、和美がOPACで自館の資料のタイトルを眺めつつ、ぼんやりとしていると、舞香がまた書類の山越しに尋ねてきた。この前の月例会議から既に三日経ったが、他の業務をつい優先してしまって、課長からの個別指示である視覚障害者支援のリサーチは、空き時間に頭の片隅に残っているこのテーマを、何となく検索したりする程度のことしかできていなかった。

「え。『司書トレ』？　ごめん。何の話だっけ？」と和美は我に返って、舞香に尋ね返した。

「ああ。井上さん。視覚障害者支援の話を考えていたんですね。私もOPAC見ましたけど、ウチの館だけで言うと、視覚障害者の話や体験談のようなものは何冊かありますけど、図書館の視覚障害者支援にバッチリ、の本はありませんでしたよね。図書館運営の教科書的なものには一部にそういうテーマも含まれているんでしょうけど、目録でも引っ掛からないぐらい分量が少ないってことでしょうね。やっぱり日本図書館協会の本とかでそれっぽいのにあたるのが一番なのかなぁ」

和美を手伝うことになっていると聞かされていた舞香は、取り敢えず、自分が調べた範囲の話を和美に聞かせた。

「そうだよね。これちょっと、館の外に行って、きっちりリサーチしないとダメなんじゃないかって気がしてきた。素人考えで藪をつついて回るより、なんか、その道のプロとか、そういうのを専門にやっている人の話を聞いた方が、すぐに手がかりが見つかると思うんだな。日本図書館協会とか、他にも何かあたる所……。ああ、そうか。当たり前のこと忘れてた。点字図書館とかライトセンターとか、そういう所に聞いたら、その道のプロの人ばかりだから、きっと、ヒントっていうか、取っ掛かりっていうか、そういうのが分かるよね。そうだ、そうだ。そうしよう。そうなったら、善は急げだ。今まで何日か遅れた分、取り返しに外出するかな。課長に了解取って……」

和美が言い終わらないうちに、「あれ？」と呟いた舞香の表情に疑問符が浮かんでいる。

「どうしたの？」と立ち上がった和美が尋ねると、舞香は、

「今言ってた点字図書館とかライトセンターとか。あれ、今日になってからどこかで見たような気がする。あれ。どこで見たんだっけ？」

と言いながら、考え込んでいた。

舞香の様子を見て「何か良さそうな情報源があったら思い出して教えてね」と告げると、和美は課長の机に外出の予定と作業の調整を依頼しに向かっていた。

無事、明日の午後の外出時間を課長に了解してもらった和美が席に戻って来ても、舞香は「なんだっけなぁ」と考えあぐねていた。

「舞香ちゃん。もういいよ。思い出した時で。私はこれからちょっと調べて、どこかの点字図書館にまずは訪問してみようかと思うんだ。図書館なんだから、行けば、レファレンスみたいな感じで何か参考になることとか調べ方とか、何か教えてくれるでしょ、きっと。案ずるより産むが易しって感じになることを期待してるんだけどね」と和美は舞香を慰めた。

「あ。そうそう。課長もこの前の見計いの話を耳にしたようで、DBジャパンのパンフレットを見てたよ。舞香ちゃんもさっき言ってたやつ。あの動画で勉強するやつ……何だっけ。ああ、『司書トレ』だ。それが『どんなもんなんだろう……』って言ってた」

和美がさらに付け加えた瞬間に、舞香は「ああ！　分かった！　これだ」と結構な大声で立ち上がり、「分かりましたよ、井上さん」とニコニコして言った。和美はこちらに注目している周囲に「なんでもないです」と小声で何度か言ってから、「なになに」と舞香に聞いた。

「『司書トレ』ですよ。『司書トレ』。その中に、まさにこのテーマの動画を出している講師の先生がいるんです。女性だったな。えっと、ちょっと待ってくださいね。ブラウザでさっきのページ開きますから。その講師の女性の人が、認定司書も取ってる人なんですけど、確か、点字図書館とかライトセンターとかに勤務していた人なんですよ。あ。この人だ。井上さん、ちょっとこっち来て、見てください。え〜、平井利依子さん」

舞香の招きに応じて和美が舞香の席に回り込み、ＰＣモニタを覗き込んだ。

「ん〜と。以前はライトセンターで働いていて、今は点字図書館……。どこの点字図書館だろ。ロゴス点字図書館ってどこですか。検索しよ。えっと、江東区ですね。最寄りは潮見駅。あんまり行ったことのない方向だなぁ」

そう舞香が調べた結果を実況中継している傍らで、和美は手に持っていたスマートフォンで司書トレを検索し、早速、平井さんの司書トレ動画を購入し始めていた。

「え。井上さん。もう買ってるんですか。いいんですか。どんな動画か分からないんですよ。いきなり買うんですか」

舞香が、まさに動画を見始めようとしている和美に向かって驚いて尋ねたので、和美は自分に言い聞かせるように言った。

「だって、なんか動画の〝パス・ファインダー〟とか書いてあるじゃない。動画で、てところがよく分からないけど、つまるところ、調べ方が分かるってことなんだろうからさ。まあ、九百八十円だし、良いかと思って。何か大損ってことはないでしょ」

「いやぁ。私なら千円ぐらいでもハズレなら嫌だから、躊躇しちゃいますよ。井上さんダブルインカムだから。そういう大胆な買い物ができちゃうんですよ」

舞香は困り顔で言っていたが、和美は始まった動画を横目に自分の机に戻り、座ってスマホを睨んでいた。

「これ。大正解だね。これ読め、あれ見てって感じで、どこから手をつければいいかの答えをそのまんま言ってくれているね。けれど、ただ言われた資料集めるのにも時間がかかり、読んでまた時間がかかりじゃ、既に出遅れているのに、時間が足りなくなっちゃう。だから、既定方針通り、専門家に教えてもらうことにする……とすると、もうこの平井さんでヨシって感じじゃないかな。決めた。このロゴス点字図書館に行く。え〜と、潮見駅だっけ。舞香ちゃん。江東区、ここからだと結構遠いね」

舞香が横から和美のスマホを覗き込んでは席に戻り、中で紹介された資料をいくつか検索しているうちに、和美は司書トレ動画を見終わって、顔を上げて舞香に告げた。舞香は、

「それ、前も井上さんが言ってた、〝三現主義〟ですね。すぐ現場を見に行こうとしますもんね、井上さんは」

とニコニコしながら言った。

「うん。そうなんだけどね。だって、仮に平井さんが居なくても、こっちの疑問とかに、そんなに長くお手間を取らせなければ、誰か教えてくれる時間ぐらい作ってくれるでしょ。アポなしだけど、これでも立派な他館連携みたいなもんだからさ」

和美が自分を納得させるように言うと、舞香はまた不思議顔になって呟いた。

「けど、点字図書館ってどんな感じなんでしょうね。ウチにも棚半分ぐらい点字図書はあるじゃないですか。点字って、ひらがなとかみたいな文字なので、漢字とかないはずですよね。それで一文字だってそんなに小さくできないか

ら、かなり嵩張ることになりますよね。それで点字の本ばかりあると、凄い書架の数で、ズラーッと点字図書が並んでいるようなイメージなんですかね。そこに目の不自由な方たちが手で背表紙を触りながら本を探して、書架の間を歩き回っているような……。そんな感じなのかな」

確かに、和美も点字図書館がどういうところか全く想像がつかなかった。舞香の言う通り、点字図書を多数所蔵しているとしたら、かなり床面積も大きい施設になるだろうと漠然と考えた。すると、舞香が「あれ。ちょっと違うな」とＰＣモニタを見ながら言い出した。何が違うのか和美が尋ねると「ここ。隣が教会ですね」と舞香は言った。

「ストリート・ビューとか地図とかで見たんですけど、教会が目印になっていて、そこそこ大きい建物の日本カトリック会館があって、その中に点字図書館が入っているみたいです。図書館の部分が大きいわけじゃないみたいに見えるんですよね。まさか地下に書架があるとか……」

航空写真とストリート・ビューを見比べながら、舞香が説明した。

「そんなバカな。シェルターでもあるまいし。あ。でも、以前特別に見学させてもらった三康図書館も地下に何層かになって書庫があったけど。さすがに地下何階もの建物ってことはないでしょ。確かに〝点字教室〟の所にも『カトリック会館内』ってあって、カッコして『ロゴス点字図書館』って書いてある。あ。館長も視覚障害者なんだね。まあ、だけど、場所と行き方は分かったから、まず行ってみるよ。行けば分かるよ。課長にここに行くって報告しておかなきゃ」

和美はそう言いながら、立ち上がった。

［ロゴス点字図書館にアポなし訪問］

電車を乗り継ぎ、東京駅の京葉線への長い乗り換えを経て、和美は初めて降りる駅である潮見駅に辿り着いた。スマホの経路図を見ながら改札を出ると、明るい午後の日差しに照らされたロータリー周辺は、妙に広々として、店舗もあまり多くない。予習のために喫茶店にでも寄って、司書トレ動画をもう一度見ておこうと思っていたが、見回しても検索しても、喫茶店らしきものはなかった。キョロキョロして目を凝らすと、近くのコンビニに僅かにイートインスペースがあるようだ。和美はペットボトルの飲み物を買って、そこで司書トレ動画を見直すことにした。

高層マンションと物流倉庫がアンバランスに立ち並んでいる珍しい風景。コンビニを出て広々とした道路を進むとすぐにロゴス点字図書館は見つかった。

「ここか」と和美が近寄って、立ち止まり、スマホでメイクや髪をチェックした。服の裾をピンピンと引っ張りながら歩いて皺を消すと、正面入口に入ってみた。誰もいない広いロビーだった。いわゆる書棚が表に見当たらず、どこにも図書館といった気配がない。

和美が慌てて外に出て、スマホで地図を見直すと、間違いなくここはロゴス点字図書館だった。正面入口の前で建物を見渡すと、左脇に曇りガラスのドアが一つ勝手口のようにあり、そこにロゴス点字図書館と書かれているのを見つけた。舞香と話したことが思い出される。さっき入ったロビー脇のスペースがこのドアの奥にあると考えると、どう考えても広い書架スペースがあるように思えない。

意を決してドア脇のインターホンのボタンを押し、「はい」と応じる女性の声を聴いて、ちょっと安心し、自己紹介を始めてみた。

「あの。突然で申し訳ありません。私は神奈川県の東上図書館で司書をしている井上と申しますが、私どもの館で、視覚に障害のある……、その目の不自由な方々へのサービス提供のありかたを検討しておりまして、もし可能なら点字図書館での、その辺の進んだサービスについて、短い時間で結構ですので、少々お話を聞かせてもらいたいと思いまして、お訪ねしたんですが……」

和美が言い終わらないうちに、ドアが開いて、「東上図書館の司書の方なんですね。じゃあ、まあ、ドアホン越しに伺うのもなんですので、どうぞ、まずはお入りください」

カジュアルスタイルの女性が出て来て招き入れてくれた。驚いたことに、入るとそこは事務所のようなところだった。おまけに昨日ウェブサイトで見たばかりの西田館長が入口のドアからすぐ左脇の辺りに机を構え、何やらものすごいスピードでキーボードを叩いている。「あ、館長だ」と思いながら、図書館と言っても、図書館の事務室のような場所にいきなり入り込んだ和美は、何か間違ったところに来たのではないかと、少々疑い始めた。先程の女性が和美の前に立ち、立ち話のまま尋ねる。

「あの。東上図書館さんで、何か視覚障害のある利用者に対してのサービスをどうするかというような、そういうお話で相談に来られたというようなことでしょうか」

「あ。はい。本当に不躾で大変申し訳ないのですが、あのＤＢジャパンという会社が出している司書トレという動画がありまして、それで、こちらの図書館の平井さんという……」

そう和美が言いかけると、和美の正面から右手にかけてのびっしりと並んだ机で画面を見ながら作業をしていた女性たちの手が止まった。そして、和美に背を向ける形で作業をしていた一人の女性が振り返った。司書トレの動画で何度も観た平井さんその人だった。あまりにあっさりとウェブ上で見ていた館長や平井さんに会えて和美がドギマギしていると、平井さんは数歩和美の方に歩み寄り、微笑みながら話しかけてくれた。

「私が平井です。司書トレを見てくださったんですか。私の知っている方以外で、司書トレを見たという人に会うのは初めてです」

司書トレのウェブサイトの写真のまんまの笑顔だった。

「あ。本当に平井さんですね。えっと、その、先程申し上げたように、視覚障害のある利用者に対して……」と和美が再度説明しようとすると、和美が僅かな息継ぎをした絶妙なタイミングで平井さんは優しく言った。

「今日は、三十分ちょっとぐらいなら、時間が取れますけど、ええと、井上さんでしたね。少しだけお話をしますか。私も司書トレ動画を見た方の感想を聞いてみたいので」

それに対し、和美は慌てて答えた。

「あ。はい。すみません。それでは少々お時間をいただいて、お願いしたいです」

平井さんは館長の机の前に行ってぼそぼそと何事かを話すと、館長はにこやかな表情になって「いいですね」と仰った。平井さんはにこやかな表情で振り返り、和美に向かって、「じゃあ、ちょっと会議室の方に行きましょう」と奥へ進むよう促した。

［平井さんのお話］

事務所の中を縦断し、働く人々を脇に見ながら入口と反対側のドアを出ると、そこは先程のロビーの中ほどだった。ロビー正面の階段を平井さんは、「どうぞ、こちらです」と時々振り返りつつ上がり、階段脇の大きな重い扉の会議室に入るように促した。まるでホテルの宴会場のようなドアや壁のイメージだった。広い会議室いっぱいに広がったロの字の移動机にぽつんと二人で対角線上に席を取ってカバンを置くと、和美は名刺入れをすぐさま取り出した。平井さんも「ああ、そうですね」と名刺入れから名刺を取り出し和美の近くに歩み寄った。平井さんの名刺には、点字が施されていて、それを和美は指でたどった。

名刺交換を済ませ、席に戻ると、平井さんは和美の名刺をしげしげと見て、

「東上図書館さんでは、視覚障害の利用者のためのサービスの改善を考えていらっしゃるんですね」と静かな声で言った。

「はい。そうなんです。ここ一年ぐらいのことですけど、視覚障害者の方々からとか、そのご家族の方々からとかの問い合わせが増えているということに館でも気付きまして。資料の中には、書架一つ分ぐらいですが、点字図書や音訳図書もありますし、オーディオ・ブックも同じぐらいの量が一応あります。あとは、最近リクエストが増えてきている大活字本もあるので、それを案内することがあるぐらいの対応だったのですが、どうも、それだけではない……

というか、それだけでは答えになっていない状態が、発生しているように感じています」

和美が言うと、平井さんは小さく頷きながら話を聞いていた。

「そうなんですね。それで視覚障害者向けの図書館サービスをもっと掘り下げてみようということで、きっと、その活動の延長線上で、私の司書トレもご覧になっていただいたんですね。司書トレは他の動画も見ていらっしゃるんですか」

平井さんの質問に和美はすぐに答えた。

「あ。いえ。平井さんの動画を一本見ただけです。偶然先週の初めにDBジャパンの社長が来て見計いをしてくれていたので、それを機会に知りました。それで、平井さんのことも知ったという流れで……」

平井さんが珍しく口を開いて笑い出した。

「あ。社長さんは、三膳さんですね。ここにも、というより、この会議室にも何回も来てくださっていますよ。何か世の中狭い感じですね。私達の活動とかこの〝業界〟のこととかをとても精力的に勉強しようとしていらっしゃってますね、あの会社さんは」

和美も世間の狭さに驚きつつ、平井さんにこの〝業界〟のことをどうやって学べばよいか尋ねてみると、平井さんは「う〜ん」とちょっと考えた後、口を開いた。

「そうですねぇ。視覚障害者だけのお話になっていませんけど、司書トレでも紹介している日本図書館協会で出ている本、『図書館利用に障害のある人々へのサービス』の上下巻が、スタートとしては一番かもしれませんね。とっても網羅性が高いです。ちなみに、あの本は二〇二一年に補訂版が出ていますので、そちらの方を読むといいかもしれません」

『図書館利用に障害のある人々へのサービス　上巻』／日本図書館協会障害者サービス委員会編／日本図書館協会
『図書館利用に障害のある人々へのサービス　下巻』／日本図書館協会障害者サービス委員会編／日本図書館協会

ノートをカバンから出して、和美はメモを取り始めた。平井さんはそんな和美のメモのペースに合わせながら、緩急をつけつつ話を進めた。

「ただ、あの本の中にも書かれてはいるんですが、障害者の前提のような事実関係をいくつか知っておくと良いかもしれませんね」

その平井さんの言葉を聞いて、疑問符が浮かんでいる顔の和美を平井さんはにこやかに見つめて続けた。

「マラケシュ条約というのをご存じですか。その中の定義で『視覚障害者等』という表現が使われていて、この『等』の部分には必ずしも視覚障害ではなくても、他の理由で読書に支障がある人がすべて含まれているということになっています。その原理を理解するのは簡単なのですが、それ以前に視覚障害というそのものの定義の実態のようなことを知っておくことも大事だと思うんです。普通、視覚障害者というと全盲の人をイメージしやすいですね。白杖を持っていたり、盲導犬と一緒に歩いていたりする人々という感じですね。それに対して、さまざまな程度の弱視の方々もいます。私達は『ロービジョン』と呼ぶことが多いです。視覚障害者の中の内訳で言うと、圧倒的にロービジョンの方が多数派です。この方々は身体障害者福祉法でも障害者として含まれていなかったりしますし、白杖を持っていなかったりしますから、一見、晴眼者と変わらないようなこともあります。晴眼者は視覚障害者の反対語ということで、視覚における健常者という意味ですね」

平井さんが丁寧に解説を交えながら話してくれ、和美は頷きながらメモを取る。

「このロービジョンの人たちにはまた多種多様な障害の形が存在しています。そうですね。聞きなれない言葉のオンパレードかと思いますけど……、たとえば、眼振とかは、あまり知られていないですね。眼が振動するという漢字で、〝眼振〟です。眼球が痙攣したように動いたりするようになる症状のことですね。ひどくなると当然ですがものをきちんと見ることができなくなります。〝羞明〟というのもあまり聞きなれないロービジョンの症状です。あ、字は「羞恥心」の「羞」に「明るい」と書いて羞明ですね。普通だとまぶしいと感じないような明るさでまぶしさを感じるだけではなく、目に不快感や痛みを感じるような症状です。あとは、〝複視〟と言って、モノがダブって見える症状とか、〝夜盲〟と〝昼盲〟もあります。暗い所で普通以上によく見えなくなるのが夜盲で、明るい所で暗いところ以上に見えなくなるのが昼盲です。他にも色覚異常とか、視野が狭窄しているとか、本当に色々あるんです。視野狭窄も、視野の周囲が見えなくて小さな覗き穴から見ているような視野になっているケースもあれば、視野の真ん中が塗り潰したように見えないケースもあります。覗き穴も大変ですが、真ん中が黒塗りになってしまっているのもとても大変です。普段気にしていないようなところしかよく見えないわけですから。こんなふうにランドルト環……。あ、ご存じですか。あの視力検査に使う円周の一箇所が切れているまるのような記号のことですね。そのランドルト環で測れる視力がいくら良くても、今言ったようなロービジョンになっていれば、非常に見えにくいですし、読書も儘ならないというのが分かると思います。それ以外にも、拡大読書器を自分で使ってみたことがありますか?」

平井さんの話に聞き入っていて、突然話しかけられ、和美は慌ててペンの手を止め、答えた。

「あ。いえ。ありません。ウチの館にはありますが、自分で使ってみたことはなかったです」

平井さんは、かすかに頷くと続けた。

「大抵、いろんな表示モードがあるんです。ただ拡大するだけではなくて、文字と背景の白黒を反転させた表示とか、白黒ではなくて黄色と黒の組み合わせで、文字がどちらかだと背景はもう一つの方の色というふうに、黄色と黒でも組合わせがどちらもあったりします。ですから、さっき言ったロービジョンの色々な症状がなかったとしても、こういった読み易い文字表示の問題でも視覚障害は現れてくることがあるんですね」

「あと知っておいて欲しいのは、先天的な失明者と中途失明者を区別して考えることです。特に中途失明者の方々は人生の中のいつ頃のタイミングで失明したのかによって、かなり生活のありかたに違いが生まれます。先天的な失明者の方と違って、最初は見えていたわけですから、失明した時点では、人生がすべてダメになってしまったような喪失感とか絶望が襲い掛かってきます。それをきっかけに読書も完全に諦めてしまう人も少なからずいます。たとえば、若くして中途失明者になって、盲学校などに通っていたら、点字も学校で習うので身につけやすくなりますが、大人になってから失明した人は点字をマスターするのはより努力が必要です。現実に、高齢になってから指先の触覚で文字を判別する能力を磨くのは大変で、若いうちの方がスムーズに習得できます。井上さんも、ちょっと私の名刺の点字をなぞってみてください。点の数や位置を感じて判別するのがとても難しいことが分かると思います。ですから、視覚障害者は点字の本を読む、ということが、一般的にすぐイメージされがちですが、意外にそのような視覚障害者は少ないのです。緑内障とか糖尿病とか、病気によって加齢と共に視力が失われて行くケースはたくさんあります。高齢化が進めば、その分、人生の後半や終わりの段階で視覚障害者になってしまう人もたくさんいるということなのです。もしかすると、井上さんの職場の東上市立中央図書館さんの辺りにも、高齢者の方の人口が増えて、視覚障害者向けサービスに対する問い合わせが増えた……という可能性もあるぐらいです」

平井さんが一息ついて、和美もメモが追い付いて、ペンを置いた。

「確かに。平井さんのお話を伺っていると、何か普通に思っている視覚障害者の印象が一つになっているというか、幻想のようなものであるという感じが凄くします。視覚障害者、イコール全盲。それで白杖を持っていて、点字の本を読む……。なんかそんなイメージは凄く強いと思います。平井さんがこのお話をして下さった理由がよく分かります。こんな風な偏った認識を拭い切れないうちに視覚障害者向けサービスを考えたら、間違いなく的外れなものになってしまいますね」

和美が学びを総括するのを平井さんはにこやかに見ていて、答えた。

「そうなんです。まず視覚障害者がどのような人々なのかを知ることが大事なことだというのが、私がいつも思っていることです。あとは……。そうそう。先程、必ずしも点字を読むわけじゃないという話が出ましたが、じゃあ何を読むのかということになります。これも人によってまちまちです。今でもカセットテープで聞きたいという人も少なからずいますし、ＤＡＩＳＹも普及してきています。それらの音訳書籍では、たとえば中に含まれている図表まで文章で読み上げて説明されているなど、視覚障害者のための仕様が色々あります。読みも正確です。けれども、オーディオ・ブックも世の中にたくさん出回っていますし、タイトルの豊富さで言うと、Ｋｉｎｄｌｅなどの電子書籍を読み上げ機能で聞く方が読み物の選択肢が大きく広がるので、そちらばかり選ぶ人もいます。ですから、点字を読む、読まない、の分類の後に、さらに、点字を読まない人々の中にも、多様な読書の形があることになり、その希望に沿った形のサービスをすることが大事だということになるんです。何か私ばかり喋っちゃいましたね」

平井さんは壁の掛け時計に目をやった。取り敢えず、読むべき本も明確になったし、その前提にある〝視覚障害者についてのステレオタイプ〟にも気付くことができた。それ以上に、平井さんご本人に直に会って、リアルな視覚障害者について聞くことができた事実の方が和美には意義が大きい。和美にとって大満足の一時間弱の時間だった。

カバンにノートなどをしまいながら立ち上がった和美は、思い出したように言った。

「あ、平井さん。一つ、ずっと疑問だったことがあるんです」

「はい。何でしょう」と訝る平井さんに、和美は言った。

「あの。点字の書籍って、こちらの図書館のどこにあるんですか。点字図書ってとても嵩張るので、すごく広いスペースが必要なのかなと思ったんですけど、こちらの建物は、基本的に日本カトリック会館ということのようだったので……」

　和美の質問を聞いて、平井さんは小さく噴き出して、ニコニコしながら説明した。

「点字図書はさっき井上さんが通った事務所の脇にある密集書架に入っているだけですね。基本は。あとは少しだけ奥の倉庫にあったと思いますけど。今はデータで保存して点字プリンタで打ち出したり、必要な方にそのままデータで送ったり、技術の進歩で、メディア間の互換性が高まって、点字図書をずらりと揃えておかなくても支障が無くなってきているんです。まあ、先程言ったように、点字を読もうとしている人や点字を使用している人の数も減ってきているので、そういう面の話もありますけど。ですから、点字図書館って名乗っているのも、歴史的な経緯の象徴的な名称をそのまま使っているだけで、ウェブサイトの中にも紹介されているんですけど、今は点訳データを音声で聞いている利用者の方も多いみたいですね。点字の書架は戻る途中でお見せしましょう」

　平井さんは和美を会議室の外に促した。

　その後、密集書架を見せてもらってから、平井さんに失礼する旨を伝えると、「こんな話でも役に立ちましたか」と平井さんは謙虚に尋ねた。大満足の時間であったことを伝えると平井さんも素直に喜んでくれた。

　和美は、例の正面玄関脇のドア口の近くまで来て、平井さんに尋ねた。

「また、本を読んで色々考えてみてから、教えてもらう時間を貰えますか」

　平井さんは「もちろん」と快諾してくれて、和美をドアの外に見送った。他の職員の方々も丁寧に立ち上がってい て、出口の近くまで来てくれた人もいた。皆、自分達の仕事に関心を持ってもらえることをとても喜んでいると平井さんが言っていたのが思い出される。

和美は「道筋が見えたから、あとはやるだけだな」と考えて、意気揚々と駅に向かった。京葉線の電車の中で、「そうだ」とスマホで検索し、八丁堀の駅で乗り換えて、茅場町に向かうことにした。和美は茅場町に日本図書館協会があることを、今回のリサーチの作業の中で初めて知った。そして日本図書館協会で出している本がその場で売られていることもネットを見て知った。（そうだ。ネットで注文するよりも早く、その場で平井さんお薦めの二冊が買える）と思い立って、地下鉄茅場町駅から地上に出た和美はネットにある日本図書館協会の電話番号に電話して、在庫の有無と訪問してすぐ買えることの確認をした。

第3章

和美、本で学んだ知識を整理する

第3章　和美、本で学んだ知識を整理する

［他館の動き］

「ちょっと、時間をちょうだい」と机の上にメッセージの紙片が置いてあったので、舞香が会議室に行くと、和美がテーブルの上に、ノート型ＰＣやら本やら書類やらを広げて、腕組みして立っていた。書籍は何冊かあり、一番てっぺんによく見かける日本図書館協会の図書館実践シリーズ二冊が置かれていた。その二冊にはたくさんの付箋がつけられている。

「舞香ちゃん。あ、そうだった。私の方が呼び出したんだね。ごめん。ちょっとボーッとしてた。えっと、何だっけな。あ〜、そうそう。ちょっと教えて欲しいことがあるの。この前の、お母さんが視覚障害者の利用者さんがいたじゃない。カウンターに来ていて、スタッフさんの対応の手伝いに舞香ちゃんが入った一件のあの利用者さん。あの人の話を聞かせて欲しいんだ。この前の月例会議の時に、課長が、『そういう問い合わせが増えているのを知っているか』って聞くからさ、『私が対応したのではありませんが、ついさっきも……』って言って、舞香ちゃんの対応の件を話したんだよね。その時に課長が『他館でも動きがそれなりに出てきているんだな』みたいなことを言ったんだよ

ね。なんかそれが気になってさ。じゃあ、その他館はどんなことをしてるんだろうって思って。別に競争しているわけでも何でもないし、図書館にはその地域の利用者さんに合わせて独自の運営があっていいわけだから、追いつき追い越せってことじゃないんだけど、ただ、少なくとも今回の利用者さんのケースでは、ウチの館のサービスの方が至っていないってことじゃない？　それって、やっぱり改善の方向性を検討する上で知っておきたいよね」

広い会議室にただ一人ぽつんと立って話し続ける和美の話を黙って聞いていた舞香は、和美の正面方向にパイプ椅子を手繰り寄せて、腰かけた。そんな舞香の動きを感知しないようなふうに、和美は話し続けた。

「で、その前に住んでいた宮下市の図書館ではどんなサービスを受けていたんだろう」

和美が舞香の方に漸く目線を向けると、舞香は答えた。

「う〜ん。よく分からないんですけど、多分、ＤＡＩＳＹの音訳書籍の案内をかなり丁寧にやってくれていたとか、ＤＡＩＳＹの機械も貸してくれてたとか、そういう感じだったと思いますよ、多分」

「ウチってそんなことできたっけ。スタッフさんはそういう視覚障害の人が来たらどう対応しているんだろう。考えてみたら、真面目に把握したことがなかったね」

和美はハタと根本的な疑問に行き当たった。

「ウチにある棚三段分ぐらいの点字図書のコーナーに案内はしますよね。後は視聴覚コーナーのオーディオ・ブックの棚とか。ただ、それでは全く読みたい本がないということもあるでしょうから、そうするとどうなるかってことになるでしょうね。『サピエ図書館』を自分で使ってみるように促すこともあるんじゃないですか。あとは、最寄りの点字図書館の所在を教えて、『利用できる資料の幅も広がるので、点字図書館も利用されてみてはどうですか？』とか。そういう対応になっちゃうんじゃないですかねぇ。マニュアル的な定番の対応っていうのがないと思いますし。それ以前に、健常者の人たち以上に、ご要望がその人の障害の状況によってまちまちだから、マニュアル化も難しいと思いますし」

舞香は、現実は厳しいよねとばかりに、肩をすくめて語った。

「以前利用されていた館は、ＤＡＩＳＹのＣＤとかいつもたくさん持っているってことではないわけだよね。多分、館間貸出、あ、まあ、相互貸借か。まあいずれにせよ、点字図書館も含めた他館から借りて、それを貸し出すってことをしているんだよね、きっと。当然だけど、その間、何日か待たせることになるじゃない。それでも、そういった対応をしているってことなんだよね、きっと」

和美は推理をするように額に拳を当てて、ゆるゆるとその辺を歩き回りながら言った。

「そうですね。まあ、そういう障害のある方の登録もするんでしょうから。だって、そういう方の要望って、さっき言った通りまちまちだから、ＤＡＩＳＹが良い人もいれば、オーディオ・ブックが良い人もいるでしょうし。何でしたっけ。テキストを機械が読み上げる形のＤＡＩＳＹもあるんでしたよね……」

舞香が名前を思い出そうとすると、和美が「テキストＤＡＩＳＹ」とすぐに教えた。

「そうそう、そのテキストＤＡＩＳＹとか。だから、どういうのが好みかカルテのようなものを作っておくのが、普通のはずですよ。それでそこに住所も書いてあって、何日かお待たせしても……」と舞香が言うと、またもや和美が

「郵送して届ける……ってことか」と応じた。

「うん。そうそう。舞香ちゃん。この前、私、ロゴス点字図書館の平井さんに会って来たじゃない？ その時に平井さんに薦めてもらった本が、『司書トレ』にも書いてある本なんだよね。特にこの日本図書館協会の上下巻二冊になっているのは、優れモノって教えてもらったから、結構じっくり読んだんだよね。そうしたら、障害者の人たちとの郵便のやり取りは無償になる話もある傍らで、図書館員が実際にこういう利用者さんを訪問して宅配しているケースもあるんだよね。ちょっとウチの常識と大分かけ離れている感じがするでしょ」

和美が言うと、舞香も「確かに……」と頷いた。

「一つね。疑問があるんだよね」

そして、和美は決然とした感じで口を開いた。

「たとえば、サピエ図書館は全国から利用できるでしょ。Ｋｉｎｄｌｅだってスマホ一発でどこでも買えるでしょ。そして視覚障害の人なら、Ｋｉｎｄｌｅの読み上げ機能を使えば合成音声……、あ。テキスト・トゥ・スピーチの略で合成音声のことをＴＴＳって言うらしいんだけどね。そのＴＴＳで内容を聞けるよね。つまり、全国どこにいてもできるわけだから、物理的な距離の問題がないわけだよね。さらに点字図書館でも郵送をしたりしているわけだから、こちらも全国津々浦々に対応していることになるでしょ。だとしたら、地元の公共図書館に視覚障害の人々がサービスを求めてくる必要はあるとして、それは何だということなんだろう」

深刻な顔で言い切った後に、和美は我に返って周りをきょろきょろと見まわし、舞香以外に誰もいないことを確認して、慌てて小声で付け加えた。

「あ。これ、誤解しないでね。その、さっきの利用者さんが前にお住まいだった地域の図書館もそうだけど、利用者をお待たせして郵便で送ってまで対応するのなら、別に大分遠い所にある点字図書館がやっても同じサービスが受けられるし、ましてネットで対応できるようなことなら、図書館の存在自体の必要性が危ぶまれるよね。それでも、公共図書館で果たすべき役割があるとしたら何なんだろうということをさ、きちんと理解した上で、今回の結論を出さなきゃいけないように思うんだよね。変な言い方なんだけど、『視覚障害者の人々はなぜ地元の公共図書館に来る必然性を感じることがあるのか』ってことが分からないと、なんかすごく無駄な努力をしちゃいそうな気がするんだよなぁ。それが凄く引っ掛かっているの」

和美が引っ掛かっている疑問を吐露すると、舞香が「なるほど。そうですねぇ」と一緒に考えこんだ。

［地元の図書館に来るべき理由］

「多分。ネット通販でモノが買えるのに、なぜリアルのお店に行くのか……とかと同じようなことで、そうしなきゃいけない理由が何かあるってことですよね、きっと」

珍しく冴えていて、閃いたという感じで舞香がドラマの探偵のような口調で言った。

「うん。そうか。そうだね。だとすると。まずは、たとえば、対面朗読をお願いしたいとか。そういうのは間違いなく近くにある場所でできたらうれしいでしょ。あとは、そっか。ネットの使い方とかがよく分からない人は当然たくさんいるわけだから、そういう人に対して、支援をするとか……ってことはできるよね。そうかそうか。その延長線上で考えると、たとえば、サピエ図書館の情報でさえも、何か、レファレンスのようなこととか、そういう情報支援のようなことが求められているとか。ん、それは、電話でもできるか。ロゴス点字図書館でも電話やメールでのレファレンス・サービスをしている人が職員の人たちの中に何人かいたような気がするし」

ウンウンと頷きながら和美が言うと、舞香が応じた。

「けど、分からないこととかを何度も電話かけ直して聞き直すとか、やっぱり躊躇しちゃうんじゃないですか。対面で、なんていうか、インタラクティブに、『じゃあ、こういう本は』とか『じゃあ、こういう条件では』とかやれた方が人間的で、かゆい所に手が届きやすいサービスになるということはあるようには思いますけどね」

「さっき、舞香ちゃんが言っていた、ＤＡＩＳＹの機械の貸出しとかも、ウチはやっていないけど、仮に貸出機があるとしたらということだけど、それも、何か取り扱い方とか、電池が切れているとか、そういうような問題にその場で対応できるとか、そういう安心感はあるかもね。たとえば、ウチの旦那のお母さんが、スマホを買って以来、携帯ショップのスクールに通って使い方を習っているんだけど、聞いてみると、レクチャーみたいな感じじゃなくて、みんなバラバラに質問を投げていて、結局、個別のレッスンを並行してたくさんやっているようになっているらしくて。そういうような、機械の使い方とかをコミュニケーションをとりながら理解するとかいうのもアリってことかなと思って」

再び、和美がウンウンと頷きながら確信を深めるように言った。すると舞香がハタと思い出して口を開いた。

「あ。全盲の方の話ばかり考えていましたけど、弱視とかの人なら、拡大読書器を使うために来館するということもあるかもしれませんね。ボランティアの協力で、拡大写本の製作に力を入れている自治体もあるみたいですよ。人によってニーズがバラバラなら、弱視の人たちは、あまり音声で聞く方向に行かず、何とか補助器具を使って文字を読むことを選んでいるケースもあるでしょうし」

「なるほど。確かに」

和美がそう言うと、舞香は「ちなみに、読書バリアフリー法の『等』の人たちの『等の人』って何のことか知っていますか?」と尋ねてきたので、和美は月例会議で課長の説明をメモしたノートを広げて、解説した。

「なるほど。単に見えなくて読書できないという人だけではなくて、理由がどうあれ、読書に不自由を感じている人たち全部が対象……ってことですね。う〜ん。奥深いですね」

そう舞香は感嘆した。

「あ。さらに疑問が湧いちゃいました。何でしたっけ、さっきの。えっと。テキスト・トゥだから、TTSか。そのTTSでKindleとかをバンバン読めたり、ウェブとかも読み上げるソフトとかあるじゃないですか。そういうのがあるのに、DAISYで本を読む必要はあるんですか。人それぞれとは言いますけど、単純に好みの問題だけではないと思うんですよ。だとすると、DAISYとそれ以外のオーディオ・ブックとか、さらにTTSで読み上げる電子書籍とかとは、何か機能的に違いがあるとかなんですかね」

「舞香ちゃんもそうなら、私だけではなくて、ちょっと安心するけど、私も全然その辺を知らないままずっと図書館で働いていたんだなって、この本とか資料とかを見て痛感しちゃったよ。まだ私も全然分かっていない方だとは思うんだけど、何かね、違いを理解するのに、切り口みたいなものがあるんだよね」

　和美が言うと、舞香は和美の顔にまっすぐに向かい、ハの字の眉毛で「切り口?」と小さくつぶやいた。

「そう。まずさ。さっきのTTSの話。読み上げている音声が、TTSは完全に機械音声になるわけ。まさに、Siriとかアレクサみたいな感じ。それに対して、DAISYとかの音訳書籍類は、基本的に音訳者の人間が読み上げているから肉声なんだよね。ニュースのアナウンスのように『音訳者の主観を入れることなく自然に書いてあることをできるだけ忠実に音声化する』ていうのが原則みたいだよ。これ、私も、本当に、最近知ったんだけど、なんか変に音訳者さんの感情をこめられると、逆に、利用者の方が乗り物酔いのような不快感が湧いてきちゃうこともあるらしくて。自分の解釈や自分の感情で話の内容に没入するのが邪魔されちゃうってことらしいけど」

　和美が言うと、「なるほど。あ、こういうこと言うと不謹慎なのかもしれないですけど、それって、それぐらい大きな問題なんですね〜。なんか、その気持ち悪くなる感じ、とか落ち着かない感じとか想像できないなぁ」と舞香が考え込んだ。

「だけど、ウチの旦那は、映画は絶対3Dは見ないし、あと、洋画の時は、絶対に吹替え版を嫌がるんだよね。こう、なんか〝小芝居を見ている感じ〟で苛々するって言うんだよ。旦那は英語ができるから、特に英語を話す映画は吹替えが絶対に耐えられないらしいよ。人の好みって、そういうことかも。取り敢えず、そういうことだとしておこう。それで、まだもう一つあって、普通の朗読だよね。まさに感情表現とかもそのまま乗っかっている……というか、むしろ、それがウリって感じもするけど、そういう作品群もあるわけじゃん。読み聞かせとかの読み方だと思ってイメージしていいんだと思うけど」

悩んでいる舞香に和美が説明を進めた。

「とすると、Ｋｉｎｄｌｅとかは完全にＴＴＳ。ＤＡＩＳＹは『音訳者の主観を入れない音声化』で、オーディオ・ブックは朗読……ってことですね」

頷きながら、舞香が言う。

「うん。そういうこと。あ。ただ、さっき言っていたテキストＤＡＩＳＹは、テキストを機械が読み上げるわけだから、ＴＴＳになるはずだよね。だから、ＤＡＩＳＹをまるまる一括りにして考えるとダメだよね」

そう和美が補足すると、「なるほど」と舞香が腕組みをして聞き入る。

「それで、今のはまず読み上げの声の話なんだけど、その中で、音訳は滅茶苦茶に手間がかかるんだよね。その代わり正確なんだけど。たとえば、地名とか人名とかはきちんと読みを調べていなきゃいけないわけだし。あと、場合によっては、数式とか記号とかもちゃんと読むらしいんだよね。さらにさ、言われてみたら当たり前なんだけど、本の中に挿入されている図表とかグラフとかも読むわけ」

和美が「どうよ」とばかりに迫ると、舞香は和美の期待通りのリアクションの表情で、「え。図表やグラフもですか。それを読む?」と驚いた。

「そうそう。さらにさ、表紙のデザインとかタイトルや著者の名前を書いている文字のフォントとかの情報とかまで、読む場合もあるって、どこかに書いてあった。まだ私も実際にどうなのか、聞いて確認していないんだけど……」

和美が少々自信無げになっても、舞香の驚きは変わらなかった。

「そういうことをして、きちんと、文字媒体のように校正とかもするから、一冊を作るのにすごく時間がかかるってことらしいのね。ということは、急いで読みたいもの……、つまり、たとえば、新聞とか週刊誌とか、そういうものは音訳するのはかなり大変ってことになるよね……」

和美が言いかけると、舞香が「そうですね」と同意する。

「朗読だって手間はかかるけど、多分作る段階で、朗読に合う内容にしてから朗読するわけでしょ。だって、朗読会で『ここに物語に登場する船の写真。とても大きな客船』とか言ったりしないでしょ。人名とか地名だって、ある程度、翻案したり省略してしまっているかもしれない。それを音訳の場合は、既に原文が決まっていて、そこには、表紙も付いていれば、図表も入っていて、読んでいけば、注釈まで付いている……。そんな感じのものを真っ向勝負で訳すわけだから、それは大変なことになるよね」

和美の話を聞いて、舞香は「なんか気の遠くなるような作業ですよね」と嘆息した。

「そうなのよ。だから、当然の結果だけど、色々な人の努力が重なっても尚、音訳された本の数はなかなか増えにくいってことになるね。その点、ＴＴＳは、ある意味、お気軽・お手軽だよね。間違って読んでもお構いなしだと思うし。あくまでも想像上のたとえだけど、機械翻訳の日本語とか、すっごい変な言い回しが多いでしょ。よく海外から送られてくるＳＰＡＭとか、文章を見ただけで『こんな変な日本語を使う会社はないよ』ってすぐ分かる！」

和美が言うと、舞香は「ある、ある……」と笑った。

「それほどひどくないかもしれないけど、あの機械翻訳をそのまま音声にして読み上げているようなイメージに近いと思う。まあ、用は足りるけど、正確な読みではないよね……的な。ただ、何でも読ませれば読む……って感じだから、さっきの話みたいに、新聞とか雑誌の記事とか、すぐ知りたいってものにも向いているし、Ｓｉｒｉとかみたいな読み方に違和感が湧かない人なら、図表とかグラフのないような物語も、むしろＴＴＳの方が向いているかもしれない。あ、そうそう。ちょっと話が戻るけど、音訳はそういう感じで正確性が高く保証されているというふうに考えられるから、実は小説とかそういうものよりも、教科書とか論文とかの方が本来の強みをより良く発揮する……って考え方もあるよね。あくまでも憶測にはなってしまうけど」

和美が言うと、「教科書を音訳……。あんまり考えたことのない話ですね。けど、言われてみたらそうかも」と舞香がまた腕組みをして考え込む。

「で、さらにもう一つ、切り口があるんだな。再生する方法だね。ＤＡＩＳＹは主に専用機が要るでしょ。それで、それが普通のＤＡＩＳＹでもテキストＤＡＩＳＹでも、えっと、絵とかも出るのが……、マルチメディアＤＡＩＳＹだ。……とかそういうのは全部、専用の機械でやるって感じが多いよね。それに対して、オーディオ・ブックとかは、普通の音楽ＣＤと同じ原理で普通に再生できるよね。ＴＴＳもＰＣのソフトとかスマホのアプリとかで聞けちゃう。そのアクセスのしやすさと、当たり前だけど、コンテンツの豊富さはある程度相関しているから、そういう観点で考えるのも大事だよね」

「なるほど」と舞香は言い、「井上さん。これ全部、ここ数日で分かったことなんですか」とおずおずと尋ねた。和美は苦笑いしながら答える。

「うん。恥ずかしながら。なんか大学時代でもこんなに真剣に本を読んだことないかもってぐらいに集中した……。でさ。やっぱり、専用機を買わなきゃ……っていうのも、どれぐらい質を求めるかの部分で、やっぱり最後の最後は個人の目的や好みに拠るってことなんだと思うんだよね。う～ん。たとえば、Ｋｉｎｄｌｅだって、スマホでもＰＣでも読めるけど、専用端末がやっぱり良いって人もいるでしょ。あと、ゲームなんかまさにそうだよね。ウチの子どもも、まだスマホは持たせないことにしているけど、上の娘は、テレビでやるゲーム機ではなくて、絶対にスマホに移行しそうだなって思う。専用機の良さって、そういうことなんだと思うんだよね」

和美は一息つきながら、窓の外を見た。先程の明るい陽射しがちょっと翳っていた。

「そっか。なるほどなぁ。単純に好みもあるでしょうけど、使う目的によっても使い分けするということもあるし、そもそも使いこなせるかというスキルとかの問題もあるということで、メディアの選択肢が増えているということなんでしょうね」と舞香は頷きながら、早々に次の疑問に移った。

「けど、そういうふうに考えると、読書バリアフリー法の定義による視覚障害者等の人々のニーズは多種多様ということになるんですけど、その割には、ウチの館で、そういう多種多様なニーズにあんまり当たっている気がしないんですけど。意外に困っている人は少ないから、問い合わせは少ないってことなんですかね」

「いや。そうでもないと思うよ。ええと。これだ。この資料の……。あ。これ司書トレの資料のプリントアウトね」

和美はホチキス止めされたプリントアウトの束をぺらぺらとめくった。

「これこれ。結局ね、平井さんの資料によると、障害者サービスがなぜ広がっていかないかというと、ＰＲをしないから……という理屈になるって話なんだよ。図書館にそういうサービスがあるらしいって知ることにならないと、当然、訪ねて来ないよね。訪ねて来る人が少ないから、館の方としても、あまり需要のないサービスなんだなという話になって、予算もあまり割かなくなって、不活発なサービスになって、より宣伝もしなくなるよね。そうするとまた……」

言いかけて和美が舞香の顔を見ると、和美の思っていることを代弁する。

「余計利用者さんが来にくくなる……ってことですね。なるほど」

「うん。そうなんだよね」と和美は頷いて話を続けた。

「特に高齢化がずっと言われているけど、高齢者になると、目が弱くなる人は当然増えるじゃない。それは単に老眼ということもあるけど、それ以上に、進行を食い止めることしかできなくて、一回視野が欠けちゃうと、回復する方法がないのが緑内障らしいんだけど、そういう人も当然増えていて、高齢者の失明するケースの多くが緑内障によるものだという調査もあるらしいんだよね。そういう人生の途中で失明した人は、全員読書の喜びみたいなものを諦めちゃうのかって話で。そういう人が、何とか本を『聞く』のでも良いから、本の世界に戻りたいとか思った時に、図書館の選択肢に気付くのかなってことだよね。大体にして、高齢になってから失明したら点字を習うことも大変だし、習得に時間もかかるだろうから、読書そのものから遠ざかってしまってそのままって人も多いだろうけど、そうなると、家の外に積極的に出ることも少なくなるだろうし、本当に社会との接点が欠けて行ってしまうし、知識や知恵を得るという機会もぐんと減ってしまうことになるとかさ。そういう事態を少しでも減らすためにも、さっき言っていたように……」

和美が言うと、舞香は「PRをバンバンしなきゃ、館の方でもサービスが細っていってしまうってことですね」と言って表情を明るくした。和美がふと壁の時計を見ると、会議室の予約時間が終わろうとしていた。

第4章

和美、平井さんからオンライン打ち合わせで学ぶ

第4章　和美、平井さんからオンライン打ち合わせで学ぶ

［平井さんからのメール］

和美が机に戻って来て、終業に向けて書類を片付け始め、ＰＣの開きっぱなしになっているソフトを閉じようかと思っていたら、メーラーに見慣れない差出人のメールが来ていることに気付いた。それは、ロゴス点字図書館の平井さんからだった。和美が色々と勉強したであろうタイミングを見計らって、様子を見る連絡をくれたのだった。

和美は慌てて、その場で返信を打ち始めた。自分の近況を書き、具体的に自館では何をするかを考える段階に漸く辿り着いた感じがすると素直に書き綴った。返信を読み返し、誤字や脱字のチェックをして、和美は送信ボタンを押した。それから、会議室から持ち帰った書籍や資料を机の上に一旦ひとまとめに置き、引き出しやキャビネットに片付け始めた。すると、後ろを通りかかった舞香が、「井上さん。何か手伝うことありますか」と声をかけてきた。

「あ。舞香ちゃん。ん～と……」

和美が答えを口に仕掛けた途端、ＰＣからメールの着信の音がした。メーラーを見ると、早速平井さんから先程の和美の打ったメールへの返信が届いたのだ。

「あ、舞香ちゃん。ちょっと、待って。何だろ。平井さん、何て言ってきたのかな」

和美がマウスを握ると、舞香が横からPCの画面を覗き込んだ。

「え。平井さんって、この前、私が『司書トレ』で見つけたあの認定司書の平井さんですか」

「うわ。平井さん、どこまで親切なんだろ。『オンラインでお話ししていいですよ』って言ってくれてる。どうしようかな。なんか平井さんに失礼かもしれないけど、乗り掛かった舟だし、平井さんから言ってくれているんだから、ちょっとお願いしちゃおうかな」

和美はPCのモニタに向けた顔を動かすことなく、独り言のように言った。

「会議室かどこかでやるんだったら、私も課長にOKとって横で聞いていていいですかね。一応、井上さんのお手伝い係だし……」

舞香はそう言うと、和美にアポを決めるよう促した。

【図書館が視覚障害者支援でできること】

約束の日。広い会議室のテーブルにぽつんとノート型PCを置き、その横にノートや資料を置いて、和美はあと十分後に迫った平井さんとの打ち合わせ時間が来るのを待った。そこへ舞香が、「まだ始まってませんよね」とドアを開けて入って来て、「はい。井上さん。プリンタから取ってきましたよ」と二部ある資料の一部を和美に渡した。それは和美がざっとメモをした、平井さんと話すべきことのアジェンダだった。舞香の分も合わせてPCでプリントアウトして、舞香にそれを取ってくることや、予定表のホワイトボードへの予定の記入などを頼んであったのだった。

「あ。舞香ちゃん。ありがと」とその資料を和美は受け取った。

「じゃあ、こっちがホスト側だから、もう入っておこうか」とWeb会議サービスに入って、ものの二分も経たないうちに平井さんが参加してきた。

「平井さん。早いなぁ」と和美が言うと、舞香が「よく聞く『五分前の精神』っていうのですかね」と頷いた。

平井さんがモニタ上に現れた。音声や画像の確認をお互いにしてから、舞香が初対面の平井さんに挨拶を始めた。

「平井さん。初めまして。澤田舞香と言います。澤は古い方の澤の漢字です。今回のリサーチで井上の手伝いをすることになっています。あの、見計いの時に、DBジャパンの三膳社長から『司書トレ』を最初に紹介されて、それで平井さんのことに気付いたのは私なんです！」

舞香が明るく言うと、平井さんもニコニコと応じてくれる。

「ああ。そうなんですね。先週も三膳さんがロゴス点字図書館に来てくださって、DAISYとかオーディオ・ブックの索引を作る話を打ち合わせしていって、その時に澤田さんの話をしてたんですよ。『世の中狭いですね』って言っていたんですが、考えてみたら、私が恥ずかしながら講師をさせてもらった『司書トレ』もDBジャパンさんのお話だし、東上図書館さんに見計いに行ったのもDBジャパンさんだから、今回、私が井上さんや澤田さんとお話するのも、全然偶然じゃなくて、DBジャパンさんが作ってくれた縁ですね。実は、それで『その後、井上さんはどうしたかなぁ』と思って、この前井上さんにメールしたんですよ」

柔和な雰囲気の中、和美も笑みを浮かべながら本題に入った。

「あ。平井さん、井上です。お忙しいところ、本当にすみません。いきなり訪ねて行って質問攻めにするお時間をいただいたのに、こんな後フォローまでしていただいて。じゃあ、メールにもちょっと書いたことですが、私が漸く理解してきたこととかを、平井さんの『司書トレ』動画に載っている資料を中心に何を読んだかっていう切り口で簡単にまず報告したいと思います」

和美がざっと自分の理解した内容の説明をして、これから次の月例会議までの時間を、具体的に何をすべきか、という点に絞ってリサーチを進めたいという意向を伝えた。

「そうですね。なるほど。井上さん。どの資料の誰が何を言っているかをきちんと把握して凄いですね。私も勉強になりました」

和美の話を聞いていた平井さんが開口一番に言った。いえいえ、とはにかむ和美ににこやかに応じながら、平井さんは続けた。

「じゃあ、ちょっと復習になりますけど、公共図書館で視覚障害者支援として何ができるかという話を挙げていってみましょうか。あ。井上さんがさっき画面上で持ち上げて見せてくれた『図書館利用に障害のある人々へのサービス』はたくさん付箋がついていたので、もうご存じだと思いますけど、その上巻にあるようなことからですね。ただ、その前に一つ、全体に関わる条件のような話をしておいた方が良いと思います。取り敢えず、私もご案内できるのは、『視覚障害者等』の利用者さんたちへのサービスのことなので、そこの所はきちんとご理解ください。本来『読書バリアフリー法』の話で行くと、もっと広い範囲の障害のある利用者さんや、単に図書館に来られない利用者さんとか。その『図書館利用に障害のある人々へのサービス』にも書いてあるような施設に入っている人たちの話とか、そういうことも考えていかなければならないのですが、私がお手伝いできるのは『視覚障害者等』の利用者さんです」

ここまで話して、平井さんは和美や舞香の反応を窺うように一旦話を止めた。和美はすかさず平井さんに伝えた。

「あ、大丈夫です。承知しています。『図書館利用に障害のある人々へのサービス』の方は、まさにタイトル通り、〝図書館利用に障害がある人々〟が対象なので、話がちょっと広すぎて、おまけに、広すぎるのに詳細に説明が書かれているから、文字量が凄い膨らんでますよね。その中から、視覚障害者……『等』の利用者への話を抜き出してつなぎ合わせながら理解するのが、なかなか大変でした。ウチの館の今回のリサーチのテーマも視覚障害者の人たちの話に限定されていますし、最初から、あれもこれもとやろうとしても無理があると、私達の上司も言っていますので、大丈夫です」

「そうですか。それならよかった」と平井さんは言って、話を先に進めた。

「それじゃあ、その本には色々な章に分かれて書かれていますけど、視覚障害者等の利用者さんのために公共図書館ができることには、色々なことがあります。ただ、〝色々なこと〟と言っても漠然としすぎているので、大きく分野分けをした方が良いと思います。普通に考えると、まず思いつくのが館内で行なうサービス・メニューのようなものです。そのサービス・メニューもソフト的なものとハード的なものがあるというふうに敢えて言えば分けられるように思います。ソフトの方は一番最初に思いつく、点字図書や音訳図書の貸出です。もちろん、オーディオ・ブックもあるでしょうし、ロービジョンの方々を対象としたら、マルチメディアＤＡＩＳＹ、大活字本、大活字本のＬＬブックなども、この内容に含まれます。自館だけでは全く足りないという所の方がほとんどでしょうから、相互貸借のサービス、これには当然、サピエ図書館の利用ということも含まれていますけど、そういうサービスです。あとは、たとえば、対面朗読を行なうということもこのジャンルに含まれると思うんです。さらに付帯的なサービスもありま す。相互貸借には時間がかかることもあって、郵送や宅配などの手配をすることも増えると思いますから、郵便貸出とか、宅配サービスを行なうといった話が加わります。さらに、ＤＡＩＳＹの再生機をＣＤと一緒に貸すとか、そういったことも付帯的なサービスのうちに入ると思います。あとは送迎サービスもこのジャンルでしょうね。サービス・メニューのハード的な部分というのは、まさに機械などを導入して使ってもらえるようにすることです。先程のＤＡＩＳＹの再生機や音声読書器、拡大読書器、リーディングトラッカー、他には、点字関係だと……、点図ディスプレイ、点字プリンタとか、そういう機械を導入して、視覚障害者の利用者に使っていただくというのも、サービス・メニュー的な話だと思うんです」

平井さんが説明を続けると、和美と舞香はふんふんと頷きながら、一所懸命メモを取り続けた。あまりに一心不乱で相槌さえ打つ余裕がほとんどないぐらいだった。

「サービス・メニューそのもの以前に、これもよく思いつくところでは、施設の使いやすさの改善という面も結構あります。これはそれなりに工事を必要とすることが多くて、予算をきちんととらないとできないことも多いとは思いますが、一応グルーピングしてみましょう。たとえば、本にも書いてあったような、入口に誘導チャイムを設置するとか、館内にインターフォンを設置してすぐ呼び出しができるようにするとか、読み易い大きな字の看板をつけたり、点字の表示をしたり……といったことですね。あとは、バリアフリーな環境ということで、誘導点字ブロックを付けるとか、階段やエレベーターに手すりを付けるとか、色々なことができます。あと、夜盲や昼盲とか、色覚異常の利用者さんもいますから、目に負荷のかからない色遣いの壁や床にするというのもアリですね。こういうことは、たとえば車椅子の利用者さん対応で、既に多くの図書館でスロープがつけられていたり、エレベーターが必ず設置されていたり、多目的トイレが作られたり、色々なことが行なわれているので、とてもイメージしやすいんじゃないかと思います」

自館に設置されているため、スロープや多目的トイレ、エレベーターについては和美も舞香も同時に大きく頷いた。

「あとは、本にも書いてありますが、図書館の周辺の環境整備も手続きやら色々と大変でしょうが、取り組んだ方が良いことではありますね。たとえば、道路にも点字ブロックを設置してもらったり、横断歩道では音響装置付きの信号を付けてもらったりというようなことですね。もっと基本的なことでガードレールをつけて車道と歩道を分けてもらうようなことをした方が良い場合も勿論あると思いますが。ただ、私はこういうこと以前に、もっとベースとして、やらなきゃいけないことがあると思っているんです。それはやっぱり、レファレンス・カウンターも含めた、カウンター周辺の人の対応の話です。これも広い意味でサービスはサービスなのですけど、さっき最初に話したのは、サービス・メニューの話で、こちらはお店でいう所の接客・接遇のような部分ですね」

［視覚障害者支援の最初の一手］

平井さんが「カウンター周辺の人の対応」と話した瞬間に、和美は「司書トレ」の資料の中にそういうくだりがあったとピンときて、メモを取る手を止めて、モニタ越しの平井さんの顔を見つめた。

「当たり前のことですし、本来お年寄りの利用者でも同じようにするのではないかと思いますが、たとえば『まず最初に必ず名乗る』とか『障害者だからと言って突然担当者を変えるようなことをしない』とか、『大きなはきはきとした声で話す』とか、『短い文章で分かりやすく話す』とか、そういった事柄ですね。あとは誘導の仕方なども、歩行訓練士の人からきちんと習った方が良いですね。そういった事柄を徹底しなくては、さっき挙げたようなサービスがどんなに充実していても、利用者さんを受け入れるということがスタートから困難になってしまいます。まずは、折角来てくださった利用者さんが安心して相談できるという体制を作ることが一番大事だと思います」

平井さんが言うと、自分の館の変革が如何に大きなものになるかを想像して深刻な顔になっている和美を余所に、舞香は「なるほどなぁ」などと、多少余裕を出してメモを続けていた。

「そして、そういうカウンター対応ができるようになるのとセットでやらなければならないのが、二つの勉強というか、学びについてです。一つは、当たり前ですが、自館ではどのようなサービスができるのかということをきちんと理解しておくことです。勿論、自館と言っても、自館の窓口で対応できる範囲のことで、たとえば、さっき言った、相互貸借などの話はきちんと理解している必要があるでしょうし、それ以前に、オペレーションとして、利用者登録をきちんとやってもらうということも、当たり前ですが、みんなが分かっている必要があります。もう一つの勉強の方は、本当に人それぞれの視覚障害のありかたを知って、その方々がどんな風に不便を感じ、その中でどんなふうな読書の形を求めているかを理解したり想像したりする力をつけることかなと思うんです。晴眼者の大多数の利用者の方々に、『本を読む習慣はどんな感じですか』とか『家には誰が一緒に住んでいらっしゃいますか』とか聞くことはありませんし、皆聞くことの方がおかしいと感じると思います。けれども、視覚障害の方に関しては、利用者登録の際だけではなく、常に、利用者の生活の状況や、その人の生活の中における読書の位置づけのようなものをきちんと理解するようにしなくては、適切な支援はできません。だから、視覚障害のありかたを知り、その方々の不便を想像できるようになることや、実際の個々の利用者の状況をきちんと把握するようなこと。何かこういったことの勉強が必要になると思うんです」

和美が「確かに」と小さく呟いた。

「それで、自館でできる所から何かの改善をして、一応スタートラインの体制が整ったぞということになったら、絶対に忘れて欲しくないのが、ＰＲをきちんとすることですね。『司書トレ』でも具体的に踏み込んで紹介していますけど、埼玉県の久喜図書館にいらっしゃる佐藤聖一さんがこの業界では非常に精力的に活動されているんですけれども、その方が講演で言っていたことを『司書トレ』の資料にも入れておきましたが、今お手元にありますか」

和美が慌ててＰＣ脇の資料の山を手で押しやって崩し、その中からホチキス止めされたプリントアウトの束を引っ張り出してめくった。

「はい、あります。私が読みます。『図書館からそもそも障害者からの依頼がないのだという声を聴くことがある。障害者は図書館でどんなサービスを行っているかを知らず、どんな障害者資料があり自分がどのようにそれを使えるかを知らない。それで依頼が来るだろうか。メニューも中身もないお店に人は来ない。図書館はまず自ら障害者サービスを開始し、そのPRを行わなければならない。』ですね」

和美が佐藤聖一氏の言葉を読み上げるのを見届けて、平井さんが言った。

「はい。その文章です。全くその通りなんです。この佐藤さんの言葉は、私達の業界ではとても有名です。そしてそれぐらい、このPRすることの重要性は認識されていないということでもあるんですね。特に視覚障害に中途でなった人は、盲学校とか何らかの障害者支援のネットワークから漏れていて、家に籠りがちで孤立しやすいんですね。当たり前ですが、目も見えないので、公共図書館の情報も時々載るような役所からの広報誌とかも読みません。そうすると、どうやって図書館の視覚障害者向けのサービスを知るのかということが問題になるんです」

一旦話を区切った平井さんの様子を察して、和美がノートから目を上げ、自分の頭の中を整理しつつ、口を開いた。

「平井さん。本当にその通りですね。『司書トレ』で強調されているPRのお話も現実論を考えると、本当に難しいことが分かりました。ちょっと話が遡るんですが、この前平井さんからメールを貰った日の、まさにほんのちょっと前まで、澤田と話していて、サピエ図書館とかＫｉｎｄｌｅの電子図書とか、あとは、点字図書館の郵送サービスが全国津々浦々で受けられるのなら、なぜ視覚障害の利用者さんは地元の公共図書館に来る必要があるのだろう……って考えたんです。それで、澤田が言ったんです。『ネット通販でモノが買えるのに、リアルのお店に行きたいとか行かなきゃならない……っていう人がいるのと同じこと』って。それって、まだそういう技術を活用することができない人もそうでしょうし、分かる人、分かってくれる人と話をしながらできる何かを期待しているんじゃないかと思います。平井さんの今のお話を聞いて、より強くそう思いました」

和美の反応を見て、平井さんはウンウンとにこやかに頷いた。

「ああ。井上さん。そういう理解はとてもいいと思います。確かに私も言われてみてそう思いました。ネット通販で何でもそろうのに、なんでお店に行くのかというのは、とてもいい喩えですね」

平井さんの共感に安心した和美が、おずおずと平井さんに相談を始めた。

「平井さん。その……他館ってどんな感じでやっているんでしょう。別に競っているわけではないですし、意識すること自体が変なのかもしれませんが、平均的にどの程度できている館が多いのかなって思ったんです。この前もこの近所に引っ越してきた利用者さんがカウンターに来て、その方の高齢のお母さんが視覚障害者なんですけど、同じ神奈川県内の宮下市の図書館で何かかなり充実した視覚障害者向けのサービスを受けていたようで、そういったことはできますかという問い合わせだったんです。それと、このリサーチを始めるきっかけとして、ウチの館の管理職陣が読書バリアフリー法に対応している先進事例を知りたがっているということもありまして……」

「ああ。宮下の方ですか。あそこは進んでいる館が確かにありますね。ただ、そういう館は、とても例外的です。東上さんの所よりももっと……、失礼な言い方ですけど、最低限のレベルというか、そういう対応の公共図書館の方が平均値なんじゃないですか。『点字図書館に聞いてもらった方が分かります』という感じの対応になってしまっている所とか、あとは対応をするのだとしても、対応の仕方とかも、『ガイドさんとかと一緒にいらっしゃるんですか』とか不躾に聞いたりとか、ガイドさんとかヘルパーさんがついて来ないのなら、こちらではちょっと面倒見切れません、といったことを暗に言っているような所もあるようですよ。色々な事情もあるのでしょうが、当然、そういう館では東上さんの所のようにリサーチをしようなんてお話も持ち上がったりはしないでしょうし」

平井さんはやや言葉を選んで説明してくれた。それでも、どことなく晴れない表情の和美をモニタ越しに見て、平井さんは提案した。

「井上さん。できていない館を見ても、少なくともリサーチにはならないでしょうから、先進事例のような館を見学に行ってみますか。私がついていくわけではないですが、私が知っている所で良ければ、先方の担当者を紹介できますよ。私からも連絡はしておきます。何かの繁忙があるようなスケジュールだと、『延ばしてほしい』とぐらいは言われるかもしれませんが、基本的にそういうことを知ってもらって広めていくことには意義があると思っている人たちなので、話を聞きに行くのはOKしてくれると思いますよ」

和美よりも横で聞いていた舞香の方が、「え。そんなこともしてもらえるんですか。是非。是非お願いします」とすぐさま反応し、和美の方は「ちょっと。舞香ちゃん」と舞香を押しとどめようとした。

「ああ。全然問題ないと思いますよ。えっと。じゃあ、青井図書館って知っていますか。そこの橋本幸子さんって方。この人は私もよく知っているので、大丈夫だと思います。あとで、メールで連絡先とかを送りますから……、そうですね。来週以降ぐらいに電話で連絡してみてください。それまでに私から電話で簡単に連絡しておきますから。あ。

念のため、先に言っておいた方が良いかな。この橋本さんも視覚障害者です。多分、中途失明だったように思います。失明といっても完全な失明ではなくて、明るさとかは分かるぐらいだったような気がしますけど、ちょっと記憶に自信がありません。いずれにせよ、さっき言った感じのタイミングで連絡してみてください」

和美は恐縮しながら、平井さんにお礼を何度も言い、自分から来週以降に電話連絡してみることを約束した。平井さんは、「また、橋本さんに会った後の話も、機会があったら聞かせてください」とにこやかに言った。

和美と舞香は平井さんに何度もお礼を言いつつ、平井さんとの面談を終えた。

第5章

和美、先行館で視覚障害者の職員に会う

第5章　和美、先行館で視覚障害者の職員に会う

［視覚障害者の橋本さん（1）組織対応編］

「はい。本日、橋本はお休みをいただいていますが、私どもの橋本にどのようなご用件ですか?」

平井さんが和美に教えてくれた電話番号は、代表番号ではなく部署に直通の番号だった。その日、橋本さんはお休みだったようで、電話口の人は橋本さんと同じ部署の人だろう。和美が単に「東上図書館の井上と申しますが、橋本様をお願いします」と電話口で言うと、口調は丁寧なままだが、明らかに警戒している感じが声の中に滲んでいた。

和美は、平井さんが橋本さん本人宛に電話をし、橋本さんから周囲の方々にそのような話があることが伝わっていないことを悟った。

「はい。私は東上図書館で司書をしておりまして、私どもの館で視覚障害のある利用者の方に向けたサービスの拡充を検討しておりまして、そのリサーチをさせていただきたいと思いまして、江東区にあるロゴス点字図書館の平井様のご紹介で橋本様にご連絡させていただいています」

和美はこれで十分であろうというぐらいに丁寧に経緯と目的を説明したつもりだったが、現実はそうではなかっ

た。

「リサーチ？　それはそちらの東上市立中央図書館様からの業務としてのことなんですか。そのようなお話は伺っていませんが」

「あ、はい。業務と言えば業務なのですが、業務時間にお話を伺おうと思っておりましたし。ただ、橋本様の方でそれをどのように受け止めていただいているのかは分からないのですが。あとリサーチというほどのことではなく、橋本様には何かインタビューのような形で、お話をお聞かせいただくというように思っています。電話してお願いしてみてくださいと平井様から教えていただいて、電話しているだけといえば、それだけのことなんですが」

和美は、そう言えば、これは公的な扱いではどうなっているのだろう、と今更ながらに気付いて、しどろもどろになって答えた。

「はい……今一つ、お話が分かりませんが、これは何かインタビュー結果がどこかに発表されるような話なのでしょうか。それであれば余計のこと、きちんと何かお話を通していただくべきではないかと思いますが。橋本はそのようなことも分かって、既に……ええっと、井上様でしたね。井上様からの連絡があると知っているということなのでしょうか」

「はい。私からの電話が来ることは分かっていらっしゃって、それが私どもの東上市立中央図書館のサービスに関わるインタビューのようなものであるということは、ご存じのはずです」

和美がそう言うと、先方の担当者は埒が明かないと感じたのか、結局、和美にかけ直すように言った。

「よく分かりませんが、橋本が把握しているということでしたら、明日は出勤の予定ですからかけ直してください。ご用向きは、橋本に報告させるようにいたしますので」

翌日、和美が電話をかけ直すと、昨日とは別の担当者が出て、保留音が続いた。何か橋本さんをどうしても外と接触させたくない理由でもあるのだろうかと和美が考えていると、「大変お待たせしました」とゆっくりとした口調の声が電話口から聞こえてきた。

「あ、初めまして。私、東上図書館の司書の井上和美と申します。橋本様ですか。このたび、ロゴス点字図書館の平井さんからご紹介をいただきまして、お電話いたしました」と和美が慌てて言った。

「はい。平井さんから電話を貰いました。昨日も電話してくれていましたか。すみません、昨日は休みだったもので。それで、何か私の話を聞きたいとか……、そんな感じのことしか平井さんから聞いていないんですが、どういったお話なんですか」

橋本さんはゆっくりとかみしめるような口調で尋ね返してきた。

「その実は私どもの東上図書館が、現在、視覚障害者の方々へのサービスを、今お恥ずかしい限りですが、ほとんどできていないに等しくて、それを見直そうということになりまして、その下調べのようなリサーチを私がすることになっています。そこで、ご縁があって平井さんにお会いして色々と教えてもらっている中で、こういった分野での先進事例のお話を現場で実際に見たり聞いたりしてみたいという話になりまして、それで平井さんが橋本さんを紹介してくれたということなんですが……」

和美が言うと、橋本さんは電話の向こうで、小さく「う〜ん」と言って考えていた。

「あの〜。井上さん。じゃあ、これはあくまでも東上図書館さんが色々と検討する材料となる情報ということで、どこかに文章で載ったり、広く不特定多数に見せるとかいった話ではないんですね」

橋本さんはそう念を押してきた。

「あ。はい。そのご理解で間違いありません。何か問題がありますでしょうか」と和美が問い返す。

「いえ、それならいいんです。私も一応上に説明しておかなくてはならないので。じゃあ、私でいいのなら、是非、協力させてもらいます。ただ、一つ、井上さんに断っておかなくてはなりませんね。その。今回の目的は、井上さんは視覚障害者支援と言いましたね。マラケシュ条約……と言っても大丈夫ですね。マラケシュ条約にある視覚障害者等といった利用者の方々に対するサービスというふうに理解してよいですか」

それに対し、和美が答える。

「はい。分かります。で、視覚障害者等の方々ということで大丈夫です。間違いありません」

「そうですか。じゃあ、何なりかはお役に立つこともあるかもしれません。私も私の上司も、そこの点が一番心配だったんですね。その、ウチの館は、視覚障害者向けの音訳図書などを作ったりもしていますから、他館がしていないことをしているのは、一応間違いないことではあるので、そういったことは話せるんですが、『読書バリアフリー法』に沿った、各種の対応や取り組みという点で見ると、他館と何ら変わらないような状態で、それをインタビューされても意味がないなと思いまして、その辺に勘違いがないかどうか、きちんと確認しておきたかったんですよ」と橋本さんは言った。

「あの〜。大変失礼ながら、昨日お電話した際に、お出になった方は、まるで橋本さんが箱入り娘のような感じで『ウチの橋本に何の用事ですか』というような感じだったんですが、今回のお話を聞くことは、『是非、協力させてもらいます』と仰っていただいているんですが、何か迷惑になるようなことなのでしょうか」

　和美はおずおずと尋ねた。

「ああ。そんな感じだったんですね。まず私に直接そういった依頼が来ることがあまりないということがありますね。大抵個人ではなく館に依頼が来るような形だと思いますから。あとは、まあそんなことを心配してもしょうがないのですが、何かの売り込みとかそういうこちらが希望していないことを押し付けてきたりとか、そういう内容の電話が障害者である私にかかってきているんじゃないかという警戒感もあったかもしれませんね。逆に言えば、こういった東上図書館さんのような公共図書館の前向きな取り組みが非常に珍しくて、私にそういった依頼が来ることが珍しいということでもあるのかもしれませんけど」

　依然として、橋本さんの口調はゆっくりとしたものだった。何か自分に言い聞かせて確認しながら慎重に話しているようにも感じられる。和美は今回の依頼の趣旨を理解していただけたところで、橋本さんの都合を聞いて訪問の日程設定をした。

［視覚障害者の橋本さん（2）対面編］

「井上さん。その橋本さんって方もほとんど見えないんですよね。名刺交換とかどうするんですかね。あと資料やPCとかをパッと見せるってこともできないわけですから、何かどんな感じになるんだろうって、想像がつきにくい感じですよね。それ以前にですよ。その橋本さんは打ち合わせの応接室とかそういう所に、どうやって来るんですか。たとえば、終わった後もどこかに誘導してあげなきゃいけないとか……。そういうこともあるんですかね。あと、椅子に座るとかだったら、こっちで補助して、椅子に座らせてあげたりとか、そういう気配りもしなきゃいけないとか」

青井図書館への坂道を上がりながら、和美は東上図書館を出る前に、舞香が言っていたことを思い出していた。確かに考えてみると和美も視覚障害者の人と打ち合わせをするのは全く初めてだった。青井図書館は大きい。自館とはいえ、橋本さんは隅々まで自分で歩き回って物理的なスペースを把握しきっているわけではないと考える方が妥当だ。だとしたら、館内でも白杖を使って場所を確認しながら、打ち合わせの場所に来るのだろうか。打ち合わせと言っても、基本的にはこちらが一方的に話を聞くだけなので、問題ないのかもしれないが、話の内容についてメモを取ったりしないのだろうか。物理的に考えてそんなことを視覚障害のある方々ができるようになる方法が思いつかなかった。

和美が図書館のインフォメーション・カウンターで用件を伝えると、「少々お待ちください」と何かを調べた若い女性スタッフが、「どうぞこちらへ」と和美を案内した。すたすたと進むスタッフを追いかけながら、和美は既に誰かの補助で橋本さんが座らせてもらっている場所に連れていかれるのだと思った。青井図書館のカウンターの卓は横に非常に長く、天板を始め木製でできていて、イメージは違うが、機能だけで見たら、かなり大きな銀行の窓口のように、何人ものスタッフが横並びにカウンター内に並んでいた。

案内してくれた女性スタッフはカウンターの前を通って、その端の方にあるカウンターの方に向かっている。和美は誰が橋本さんだろうかと見回しながらついて行ったが、それらしき人物はどこにも見当たらなかった。「こちらでお待ちください」と女性スタッフは長いカウンターの端の空いている三席のうちの一つを勧めた。三席はガランと空いていて、和美以外誰もいない。

しばらく待っていても誰も来ず、カウンター内部では何人ものスタッフが行きかっているが、誰一人として和美の前に座ることはなかった。五分以上が過ぎても、何も起きなかった。和美がスマホを取り出してメールチェックを手早く始めたとき、和美の前に非常に小さな歩幅でツツツと進んでくる人影が現れた。和美がバッグに慌ててスマホをしまい、顔を上げると、その方は既にカウンターの向かいの席の椅子の背に手をかけて立っていた。慌てて立ち上がって和美は言った。

「橋本さんですか。東上図書館の井上和美です。今日は……」と和美が言いかけると、「ああ。井上さん。橋本です」とニコニコしながら橋本さんは和美に応じた。視線は和美のやや横の方に投げられているが、明確に和美の位置を把握して話しているのが分かる。

「あ。どうぞ掛けてください」と橋本さんは自分も椅子を引いてすっと座りつつ、和美に座るよう勧めた。「あ。はい」と息をのみ込み、和美が座ると、橋本さんはキョロキョロして申し訳なさそうに言う。

「ああ。ここはカウンターの中で人が行き来して、落ち着きませんね。井上さんの後ろも人が時々通って気になるでしょ」

と言って立ち上がり、「ちょっと移動しましょう」と和美を促した。

和美が「あ。はい」と言って立ち上がるのを見届けるようにしてから、橋本さんは最初と同じツツと摺足のような動きでカウンターの末端の出口を回って和美の近くに歩み寄った。歩きかたこそ独特だが、和美の立ち上がりの確認やカウンターの外への移動など、見えていないようには思えなかった。

「んと」と言いながら橋本さんはアクリル板が上から見て十字に立てられた四人席に和美を連れて来て、テーブルの端を手でなぞって位置を確認しつつ、そのうち一つの椅子を引いて和美に勧めた。和美が座っている動作をしている間も、橋本さんの顔はまるで和美が見えているかのように、和美の方に向けられていて、和美がバッグをテーブルの上に置き、ジッパーを開けて筆記具を出し始めると、漸く次の動きに入った。

「そうだ。そうだ。あれを出さなきゃ」と呟いて、橋本さんはテーブルを後にして歩き出し、奥の引き出しから何か平板な機械とディスクを取り出して、「よいしょと」と運んで持ってきた。自分の席のテーブルに置くと、その向きを手で触って整えてから、自分も席に座った。「はい。お待たせしました」と言ったとき、またもや顔の向きは完全に和美の方に向けられていた。

初めての視覚障害者の方との会話が、席に座るまでの流れで、これほど驚きに満ちたものだと和美は全く予想していなかった。橋本さんは中途失明者だと聞いているから、このような動きができるようになるまで、途方もない努力が為されているのだろうと、和美は想像した。白杖もなく、図書館内を動き回っていることにも驚かされたが、カウンターからテーブルまでの移動やその流れの中で、まるで見えているかのように正確に和美の行動を把握している様子に和美は驚愕した。

和美が、そうだと気付き、カバンから名刺入れを取り出し立ち上がると、橋本さんは明らかに顔を立ち上がった和美の方に向け、数歩近づいてくる和美に対面するように立ち上がった。

「あの。すみません。視覚障害者の方とお話をするのが初めてで、どのタイミングでお渡しすべきかよく分からなかったのですが、名刺を交換させてもらいたいなと思いまして。あ。私の名刺はつるつるで点字もないので、その。ただの紙でしかないので申し訳ないのですが……」

和美がそう言いかけると、橋本さんは、「ごめんなさい。私は自分の分を持っていないんです。だから受け取るだけになりますけど」と和美の手の先の方に両手を伸ばしてきた。名刺を直ぐにつかんでいないから見えてないことが分かるが、それでも、違和感なく名刺を受け取ろうとするしぐさに、和美は再び驚かざるを得なかった。

［先進サービス事例］

「あの〜。それは……。あ。すみません。橋本さんが持っていらした機械のことなんですが、それはＤＡＩＳＹの機

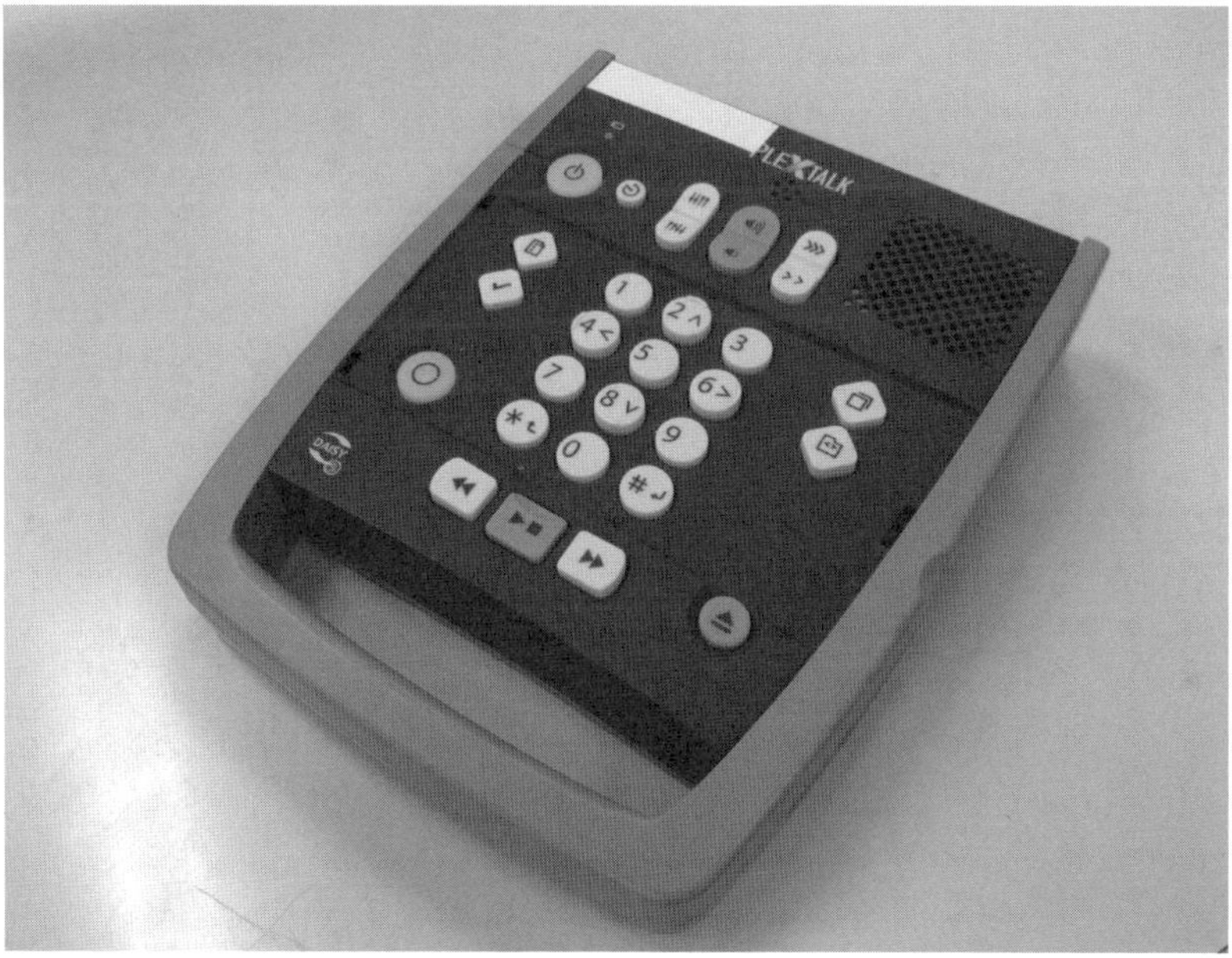

械ですか」

　和美が名刺を手渡しした位置で尋ねた。

「あ。そうです。再生機ですね。ウチは五台ほどあって、必要な利用者さんには貸し出したりもしています。今日はこれともう一台しか残っていませんね。この機械は見たことがありますか？」

　橋本さんは和美ににこやかに説明しながら、自然な動作で席に戻り、機械とディスクの位置を手で確認した。

「あ。本に載っていた写真で見たことがあるだけです。ウチの館にはないので。初めて見ました。こういう感じなんですね。ゲーム機よりは大きいですけど、昔のラジカセよりはずっと小さいですね」と和美は言った。

「じゃあ、ちょっと使って見せましょうか。きっと、こういうことも知ったら面白いんじゃないかと思って、今日の約束をした時から、お見せしようと思っていたんですよ。視覚障害者等の方以外には利用は禁止されているんですけど、今日は説明のために目的外使用をするので、著作権の切れたＣＤを準備しました」

橋本さんは脇に立ったままの和美に顔を向けて言った。凄く不自然な構図だが、橋本さんは手元を見て作業する必要がないのだと和美は改めて思い至った。

橋本さんはディスクをケースから取り出し、時々「ん？」と向きや裏表などを確認しながら機械に挿入した。そして、「電池とかも時々点検しなきゃダメなんです」と言って、電池が入っている場所のカバーをガチっと外して電池を見せた。カバーを戻し、機械をテーブルに置くと、両手で細かなボタンを目にも止まらぬ指の動きで操作して、「たとえば、第二章から読みたいとすると……」などと言いながら各種の操作をして見せてくれた。

考えてみたら当たり前のことだが、目次などすべての項目が読み上げられたものを音声で聞くことになる。音声でそのような項目が早口で聞こえてくると、不要な場合はすぐさま橋本さんが次へスキップする操作をする。まるで昔のテレビ番組のイントロ当てクイズのように、ほんの僅かな出だしの音で橋本さんはそれがどこの部分なのか判断しているということなのだろう。

「知っていましたか。表紙とかも読み上げるんですよ。えっと。どこかな。あ。ここ、ここ」とボタン操作とわずかな音声の断片を重ねながら、橋本さんは表紙に書かれた書籍タイトルの位置や文字の大きさ、フォントなどを読み上げる音声を聞いた。

「え。こんなふうに表紙も読み上げるんですね」

和美は初めての体験に息を飲んで言った。

「そうですね。ちゃんと音訳されていますね。ただ、目次や図表ならまだしも、表紙の音訳部分をじっくり聞く人は限られていると思いますけどね」

橋本さんはやや面白く無さげに応じた。和美の興奮はあまり受け止められていないが、橋本さんの顔は和美に向けられていて、優しく笑っていた。

「こんな感じですね。DAISYは」と言って、橋本さんは和美に「あ。どうぞ座ってください」と促した。

「それで、ウチの館では視覚障害者支援がどんなふうに他館とは違うかというお話でしたね。色々と違っているとは思うんですが、まずサービスとして違う点よりも、組織体制として違うということがありますね。ウチの館には障害者支援サービスのチームのようなものがあるんですが、全部で五人いて、そのうち私も含めて二人視覚障害者がいるんです。視覚障害者が視覚障害者のサービスをするって何か変であるように感じる人もいるみたいなんですが、実際には、視覚障害者が具体的に何に困っているかを他の職員もすぐに想像できるようになるというか、見慣れて普通に想像がつくようになるというか、そういう点でも、視覚障害者を職員に採用しておくということ自体が、サービスの質的向上に貢献する部分が大きいと思いますね」

橋本さんが説明すると、和美は遠慮がちに尋ねた。

「本当に素人のような質問で申し訳ないのですが、私は今日お邪魔する日時を決めたのを確認するためのメールを送りましたけど、橋本さんはそのメールをどうやって読むのですか。誰かに読んでもらうとか、そういうことではないのだと思いますけど……」

「あ、それは。スクリーンリーダーのソフトですね。Ｗｉｎｄｏｗｓだとナレーターとか呼ばれていますね。原理だけで言えば、音声読書器と同じですけど」

橋本さんの答えを聞いて、和美が「ＴＴＳですね」と言うと、「ああ。そうですね」と橋本さんは大きく頷いた。

「で、そういうような技術の発達でかなり問題なく視覚障害者でも実務をできるようになってきていて、その上で、ウチの館は、過去から常時二名は視覚障害者を採用している……といった状態です」とまとめた。

「あとは、日常活動の中では、他館に比べてサピエ図書館の活用がかなり活発だと思います。他館から取り寄せて貸し出したり、ダウンロードしてＳＤカードやリクエストによってはカセットテープに入れてお貸ししたりとか、かなりやっています。サピエ図書館の内容についても詳しい者が多いので、レファレンスを行なうこともよくありますね。それはカウンターでもそうですし、電話やメールの問い合わせでもやっています。郵送になる方が多いので、そういう方は来館しなくても電話やメールでいろいろご案内することがあります。あとサピエ図書館についてのレファレンスの延長線上で、利用登録している方々に新着書籍の案内を送っています。やっぱり新着書籍は人気があり、すぐ貸出しのリクエストが来ることが多いので、案内の前からデータをダウンロードしておいて、スムーズに貸出しできるように一応準備するようにはしています。こういうことは、もともとでき上がっている仕組みを使っているだけなので、東上図書館さんでも、やろうと思えば、それほど難しくなくできるとは思いますよ。勿論、詳しくなった人間がいれば、よりきめ細かなサービスができるとは思いますけど」

橋本さんの説明では簡単そうに聞こえるが、その前にカウンター対応という基礎を固めなくてはならないことや、

PRを徹底することなど、やらねばならないことが山積みであると、平井さんの話を思い出しながら和美は考えた。

和美のノートをとっている手が止まっていることに橋本さんは気付いて、和美に「何か分からないことがあったら言ってくださいね」と告げた。

「はい。ありがとうございます。現状、分からないことは一応ないんですが、ウチの館でやれるのかなぁというのを、聞けば聞くほどちょっと頭に浮かんでくるようになってしまって、考え込んでいました。活発な貸出し……の他には何かありますか」

和美はお礼を言ってさらに尋ねた。

「そうですねぇ。他には、対面朗読はかなり頻繁にやっています。定期開催にしているのが大きいと思います。だから、もうイベント扱いでさえない日常業務の一環になっていますね。オンライン開催もやっていますし」

橋本さんは思いめぐらすように答えた。

「あの……。今度こそ漸く質問なんですが、対面朗読をするのはボランティアの方々なんですか」

和美が意を決したように尋ねた。

「あ。そうですね。基本的にはボランティアの方々にお願いするようにしています。やっぱり、得手不得手の分野があったり、申し込む利用者の方にも読み手についての好みがあるので、バリエーションを広げる意味でもボランティアさんにお願いした方が良いかという話になっています。ただ、勿論、職員がやる時もあります。職員がやるのは、利用者さんのリクエストのありかたなんかを知る機会としてやっているという面も大きいです。たとえば児童相手の読み聞かせ会の朗読などとは違って、本そのものが長いですから、何日間も何時間もかけて少しずつという感じになります。時々休みを入れたりしながら読むことになりますし、読み方の分からない人名や地名などが出て来て、それを確認する時間が必要になることもあります。それと、ご存じだと思いますが、ＤＡＩＳＹの音訳などでもそうですが、読み方を音訳者の主観を入れることなく忠実に音声化するのが普通なんです。ただそれも利用者さんの好みによるところが多くて、利用者さんと作品の組み合わせの中で、色々な実施の仕方が生まれますね」

　橋本さんが説明してくれて一息ついたとき、和美はすかさず尋ねた。

「あの～。こういうボランティアさんはどうやって見つけてお願いしたらいいんでしょう。ウチの館にも多目的室があって、それは本来こういう対面朗読のような場として考えられていたと思うんですけど、全然そのような使い方が今の段階ではできていなくて。無駄に使っているわけではないんですが、元々ある部屋なら、今回の視覚障害者支援の見直しの機会に対面朗読を実施するのはどうかと思っていたんですけど……」

「あ。簡単は簡単ですよ。紹介してもらえばいいんです。立地的にというか物理的に離れているので、ボランティアさんも東上図書館に行くのが大変な人もいるとは思いますが、ウチの館のボランティアさんを紹介することもできますし、点字図書館さんとかでも、尋ねたら教えてくれたり紹介してくれたりすると思います」

　和美は、「ああ。そうなんですね。それならよかった」と安堵して尋ねた。

「もうここまででも胸一杯お腹一杯という感じなんですが、他にも他館でやっていないことをやっていらっしゃるとかはありますか」

「まあ、数は少ないですし、あまり表からは分からない活動ではありますけど。リクエストのあったもので、サピエ図書館を通して音訳がされていないものを見つけて、自館で音訳そのものをやっていることでしょうね。音訳を手掛けているということでは珍しい方の公共図書館だと思いますよ。点字図書館さんが小説とかエッセイとかを音訳することが多いので、ウチではどちらかというとノンフィクション系の分野をやっています。社会科学とか、歴史の分野が多いと思いますね。音訳者さんは育成を数年かけて行なった結果、現在やってくださっている人達が居るんですが、高齢化が進んでいますし、色々な理由で数も減っているので、また研修をやらなきゃいけないかなと思っています。ただ、教える内容も多岐に渡るので、教える先生も何人もで、分野ごとに分担してやったりするのですが、その先生も高齢化が進んだりしていて、かなり難しい面が出てきています。あと生徒さんの募集もそんなにすんなりはいかないという感じがします。以前やったときも、予算を立てて、広告を打って五十人以上希望者の方が集まりましたけど、確か最初に漢字テストとかそういう国語の基礎みたいな内容のテストをしたら、半数以上落ちてしまいました。そういう難しさがあるので、かなり難易度が高い活動だとは思います。今はだいたい一年に三十タイトルぐらい音訳するのが精一杯の状況です」

和美が時計を見ると、お邪魔してからもう一時間半が過ぎていた。丁寧にお礼を言って、失礼する旨を伝えると、橋本さんは「ちょっと待っていてください」と四人席に和美を残して今度は書架の方に歩いて行った。戻ってきたときに橋本さんの手にはクリアファイルがあった。橋本さんは「多分、全部入っていると思うんですが、視覚障害者のサービスの色々なことについて説明したチラシとか説明書とかが全部一式入っているファイルです。利用者の方にも配っているものなので、一部差し上げます」

そう言って、和美の真正面のテーブルの上にそれをポンと置いた。

和美はそれを丁寧にカバンに入れて、再度お礼をして、その場を辞去した。

先進事例がどれほど進んでいるかもよく分かったし、それを実現するために、どれほど基礎的な接遇スキルを契約スタッフさんも含め全職員が身につけなくてはならないかも、心が暗くなるほどに想像できた。そんなふうに思いながら、斜め前の書架を改めて見ると、障害者支援コーナーと書かれていた。振り返って橋本さんがさっきのテーブルから離れているのを確認して、和美がその棚に近寄るとそこには音訳の作業プロセスが紹介されていた。チラシ類や点字の基本を解説した本まで置かれていた。展示パネルを読み込んで、スマホで写真を何枚か撮った。自由に持ち帰れるチラシだけ何枚かとって、そのままカバンにしまうのは惜しくて、手に持って読みながら、その内容の充実ぶりに目を見張った。けれども、出口に向かって歩を進める和美にとって、今回得られたことのうち、最も和美を驚かせたのは、やはり橋本さんのまるで見えているかのような言動だった。

中途失明からどれ程の訓練を重ねるとあんな風になるのだろう。視覚以外の感覚を研ぎ澄ましているのはもちろんだが、ただ色々なことを音や振動の大きさと方向性などから分かったところで、その意味が分からなければ、それらを材料に脳内に外界の状況を再構築することはできないだろう。あんな風な行動ができない視覚障害者はどうなるのか。もしかして、それが、図書館がどんどん支援すべき普通の視覚障害者なのではないかと、駅に向かう坂道を下りながら和美は考えた。

■

第6章

和美、平井さんに再度対面で会う

第6章　和美、平井さんに再度対面で会う

［視覚障害者業界の人々の想い］

「ん？ んん？」

昼休みの終わり。和美がブリックパックの豆乳を飲みながら自分の席でPCを見て、変な声を上げると、すぐに気付いた舞香が「どうしたんですか」と立ち上がって書類の向こう側から声をかけた。

ストローを口から離して、ポンとブリックパックを机の上に置き、和美は「舞香ちゃん。これ読んでよ」とPCのモニターを指差した。島を回り込んでPCの前に来て、舞香が画面を読んで、声を上げる。

「うわ。平井さんですよね、これ。『井上さんにまたお会いしてお話したい』って言っているじゃないですか。これ、どうしたんですか。この前の橋本さんの話でまあまあ、リサーチのネタは集まったって話だったんじゃなかったんですか」

「うん。橋本さんに聞いたことを、ホントに簡単な箇条書き程度でメールして、紹介してくれたお礼を言ったんだよね。いや。舞香ちゃんにも言った通り、ホントに橋本さんの話以前に、橋本さん自身が衝撃的でさ。橋本さんが言っ

ていた通り、職場に視覚障害者の方が職員としていたら、視覚障害の利用者に対する接し方も、何て言うのかな、その意識的にやろうとしなくても、簡単に変わっちゃいそうな気がしたんだよね。それぐらい、失礼な言い方かもしれないけど、見えてない人って、こんなに普通に仕事できたり、語ったりできるんだっていうのが、驚きだったんだよね。それで、その驚きと、それと、橋本さんの所でやっている音訳作業の話もメールに書いたら、平井さんが関心持ってくれたようでさ。それで、また会いましょう、てことになったんだと思うけど。どうせ……っていうか、その、どうせ会ったら、絶対またお腹一杯になるまで新しいネタを教えてくれて、また目からウロコになっちゃうんだろうなぁって思ってさ。これ。こんなにおんぶにだっこになってもいいもんなんだろうか。なんか申し訳なくなっちゃうよね」

和美は平井さんに何度も時間を割かせることが、本当に申し訳なく感じられていた。振り返ってみて、人生で自分の子どもたち以外で、自分がこれほど献身的に相手のことを気遣ったりしながら助けの手を伸ばそうとしたことがあったろうか。平井さんはなぜここまでしてくれるのだろうという疑問が、何か心の片隅に引っかかっていた。そんな和美の思いをまあまあ察した舞香がぼそりといった。

「やっぱり、ロゴス点字図書館の活動とか、平井さん自身の活動とか、そういうことに関心を持って、それを少しでも採り入れようとする人間の存在って、平井さんとか点字図書館の人たちには嬉しいことなんですかねぇ」

「うん。そうだね。まあ、いっか。なんかウロウロしていても進まないし、まだ月例会議まで時間があるし、舞香ちゃんも言ってた通り、既に月例会議で発表するだけなら、まあまあネタは揃っているし、この際、平井さんにもう一回お世話になってみるか」と明るく言った。

[視覚障害者の人々の開かれた世界]

夕方六時過ぎの品川駅の港南口は行き交う人であふれていた。その雑踏の流れを避けるように、和美と舞香は駅ビルの外に向かって歩いていた。

「品川なんですね。平井さんが都合がいいのって……」と舞香が横を歩く和美に聞いた。

「うん。なんか品川を通過する通勤ルートらしくて。この辺のカフェってことでグルメサイトのリンク送ったんだよね。晩御飯の感じにならない方が良いかなと思って。なんか、毎度毎度周囲の人たちがバリバリ働いているロゴス点字図書館にお邪魔するのも、気が引けたし。まあ、山田課長は『勤務時間内に行っても全然問題ない』って言っていて、『今回は舞香ちゃんも一緒で良い』って言ったのも課長の方からなんだよね。だから、行けば行けたんだけどね。それで、何か仕事の延長線上のような、そうでもないような感じでちょっとだけ時間下さいって話でお願いしたら、家に帰るルート上でちょっとお茶をする感じ、てことになったの。あ。ここ、ここ」

駅を出て二階の出口から地上にエスカレーターで下り、話をしながら進むうちに、商店街のメインの通りからほんの少し脇に入ったオープンスペースのあるカフェに二人は着いた。

「大学時代にバンドしてたって言ったでしょ。全然売れていないギョーカイの知り合いがいて、この辺のスタジオを使った後に、ここをよく使うって言っていて。夕方も空いている隠れ家的な感じって聞いたから、予約もしてないんだけど……。あ。大丈夫そうだね、四人掛け空いてるし」

　和美は舞香を連れて中に入り、入口から遠くない席に座った。ガラス板のテーブルで床が透けて見える。水を貰って飲み物をオーダーしてから、「まだちょっとだけ時間あるね」と和美は時計を気にしている舞香に言った。舞香はグラスに入った水を取ろうと視線を落とし、困り顔をした。

「あ。もうちょっと貧乏くさくない靴はいてくるんだった。これ丸見えで困りますね」

「そんな貧乏くさくないよ。それに、平井さん、そういうことは気にしないと思う」

　ガラス越しに和美も舞香の足先を見て小さく言った。

　あっと小さな声を上げて入口に向いた席に座る舞香が、店に入ってきた平井さんを見つけ、立ち上がった。すぐに和美も立ち上がり、平井さんの方に歩み寄り、「平井さん。すみません。わざわざ。こっちです」と席に誘導した。

　立ち上がったままの舞香は慌ててカバンから名刺入れを出して名刺交換をお願いした。

「あの。この前、オンラインでお話ししたときに一緒に聞かせていただいた澤田舞香です。今日はお時間いただきありがとうございます」

　席の脇に来て名刺入れを出して、平井さんは深々と礼をした。

「いえいえ。こちらこそ、わざわざ時間を取って、場所まで決めてもらってすみません。平井です。澤田さんもよろしくお願いします」

　舞香も慌てて「いえいえ。ほんとにこちらこそ。井上も共々、お世話になりっぱなしです」と再度頭を下げた。

店員さんが水を持ってくると、平井さんは「アイスティーをお願いします」と丁寧にオーダーしている。

「今日はわざわざお二人に来ていただいて、私も貰ったメールを見て、お話を聞けるのを楽しみにしていました。それで、早速本題ですけど、井上さん、メールでは何か、驚きの連続だったという話でしたけど、橋本さんの様子そのものが驚きだったとか。図書館のサービスを学ぶ以前の問題というようなお話でしたね。それはどんな感じだったんですか。ちょっと失礼な言い方かもしれないですけど、すごく興味があります」

平井さんは丁寧な口調で言った。この前のオンライン打ち合わせの時よりも笑顔が少なくて、今回の話から何かを学び取ろうとするような真剣な雰囲気を平井さんから舞香は感じていた。

「あ、はい。橋本さんは中途失明者で、正確には強度の弱視ということで、失明ではないのかもしれませんが、実質的に失明していると言って良いレベルと聞いていたのに、お会いして、まるで普通に物が見えているかのような、そんな感じで、本当に驚かされました。私は、そういうほぼ全盲という視覚障害者の方に、図書館のカウンターではちょっとだけ会ったことがあるようにはぼんやり記憶しているぐらいだったんですが、今回のようにじっくり会話したという経験がなくて、慣れていないといえばそれまでの話なんですけど、座るしぐさとか、DAISYの端末を引き出しから出して持ってくる動作とか、ホントに自然で、冗談みたいな話ですけど、もしかして、見えてないふりをしているんじゃないかと思いたくなるぐらいに、凄かったんです。歩くのも、白杖も持っていませんでしたし、何かがあったらぶつかるからということだと思いますけど、周りを確かめるかのように摺足のような歩き方が少し気になるだけで、あとは全く普通に見えるんです」

和美はその時の自分の驚きを思い返しながら言った。

「ああ。そうですね。確かに、見慣れていないと、そういうふうに感じるということでしょうね。ロゴス点字図書館でも、ご存じかと思いますが職員にも視覚障害者がいますが、館長の西田自らが中途失明者です。移動の時は白杖を持っていますし、私とか職員が誘導をするケースがほとんどですが、それ以外の場面で、何か大きな支援というか明らかな補助を必要とする場面はほとんどないですね。やはり、そういった視覚障害者を間近で見て、話をし、考えを理解すると、色々と思う所がありませんか」

平井さんは和美の驚きをそのまま受け止めて、それを和美が何かに活かすよう、導こうとしているように感じられた。

「はい。『司書トレ』にも『接し方を勉強する』とか『働く仲間に当事者がいれば、直接聞くことができる』という項目があったと思うんです。まさに、これのことなんだなと思いました。普通に暮らしていたのに、見える世界が完全に人生の中で二度と取り戻せないものになるわけですよね。それって、何て言うか〝閉ざされた世界〟というか、すべてが失われたように感じるんじゃないかと思うんです。そこから立ち上がり、自分の現状を受け容れて前に進もうとした結果、多分、ものすごい努力の結果、そうなっているんじゃないかと思うんです。変な言い方ですが、見えない分、他の情報、たとえば音とか振動とか、会話でも口調とか声色とかそういうような見えない情報に敏感になるんじゃないかと思うんですね。けど、敏感になるだけではなくて、その情報を読み取ったり、そこから見えないことを補うぐらいの情報を得ることって、正直言って、とても頭が良くないとできないんじゃないかと思ったんです。つまり、橋本さんとか、平井さんが仰っていた、ロゴス点字図書館の館長とかは、大きな努力を厭わなかった特別な人なのではないかという、そんな思いも同時に湧いてくるんです」

和美がそんなふうに語ると、平井さんの目は僅かに潤んでいた。それでも表情はにこやかなままに、ゆっくりと口を開いた。

「凄いですね、井上さん。橋本さんを紹介した甲斐がありました。凄い気付きというか学びというか、そういうことが今回のほんの短い時間の間にできるんですね。まさにその通りだと思います。橋本さんやウチの西田館長のような人々の日常を支える努力というのは並大抵ではありません。私もそういった人の話を聞くだけで泣けてしまいます。それぐらい、本当に血の滲むような努力と言って良いと思います。その努力をもってしても埋められない所を私達が目の代わりをする……。そういった敬意と使命感を持った接し方が、図書館のカウンター業務にまず求められるんじゃないかと私は思います。それが、〝できる所からやる〟と私が『司書トレ』で言っている意味です。やれることは利用者さんによっても、その相談を受ける担当者の知識や経験によっても、そしてその館の状況や条件によっても、色々あって良いと思いますし、常に橋本さんの館のような凄いサービスを提供できなくても仕方がないと思うんです。ただ、できないなりに、さっき言ったような気持ちを持って接することがまず大事であるように思えるんですね。そんな私の考えと同じような考えを、井上さんは、橋本さんとの面談だけで一気に抱けるようになったのですね」

平井さんの言葉を聞いて、本来なら謙遜しなくてはいけない場面の和美も胸にグッとくるものがあり、ただ小さく頷いて話を聞いていた。

「それと、さっきの〝特別な人〟の話ですが、確かにそういう面はあると思います。誰が特別とか誰が平均的かとかいうことでは決してなくて、障害やもっと広くダイバーシティのようなことを考えると、誰もが特別だということになるのだと思います。ただ、そうであるからこそ、橋本さんやウチの西田館長がされているような努力ができないままにいる人もいますし、先程、井上さんが言った通り、自分の現状をどうしても許せないままに、まさに〝閉ざされた世界〟の中に留まってしまう人もいます。そんなふうに人それぞれの状況とその受け止め方、その全部に対して、究極の理想を言えば、必要とされるサービスを提供していくというのが、障害者支援のありかたなのかなと私は思っています。そういう意味で、視覚障害者の人々が、みんな橋本さんのような生き方や考え方をする人ではもちろんありませんし、そのように井上さんが誤解しているとも思っていません。むしろ、図書館のカウンターに来る人々は、もっと些細な、支援とも言えないようなことを求めているケースも多いと思いますよ。それが……」

「カウンターでの接遇に現れる……、ということですね」と和美が言うと、平井さんは「そうです」とにこやかに答えた。

［音訳業界の希望と課題］

「他には、何か驚いたことがあったんですか。本命の図書館サービスについては、どうでしたか」

平井さんは話を進めた。

「はい。聞かせていただいた、サピエ図書館などの相互貸借のサービスとか、対面朗読のサービスとかは、やると決めれば……、それはつまり、カウンター業務のスタッフにきちんと対応の仕方をマスターしてもらったらという前提のことを言っているのですが、それほど難しくないのかなと思いました。勿論、そこの段階に行くのが大変なのは分かっていますが、原理的に難しいことではないだろうと思っています。ただ……」と言って、和美がちょっと考えて間を置くと、平井さんが食い入るように和美を見つめて「ただ？」と尋ねた。

「その後、音訳して本を作っているという話を聞いたときに驚いたことと疑問に思ったことの両方があるんです」

平井さんが「それはどんなことですか」落ち着いた様子で尋ねた。

「まず驚いたことは、年に三十冊作るのでも途方もない作業だと思うんです。実は橋本さんとお別れした後に館内を見て回って、障害者支援コーナーを見つけて、音訳のプロセスが解説されていたのを読んだんです。もの凄い手間でした。それを図書館の一般的な活動の傍らでやり続けるというのが、もう、次元の違う発想のように思えて、驚かされました。正直、『ついていけないな』という気持ちも……ほんのちょっとですが湧きました。何でそう思ったかというと、一つは読書バリアフリー法とかで視覚障害者の方々の読書の機会を増やしていくということになっているのに、実際にはボランティアさん頼みの作業を地道に重ねるしかできなくて、その間も一方では、健常者、あ、いえ、晴眼者ですね。晴眼者が読める書籍とかの資料はどんどん膨大になっていくわけですよね。何かこう、どんどん差が広がっていくばかりというように思えてしまったんです。そして、もう一つの疑問の方が、その広がっていく差について考えたときに湧いたことなんですけど。ＴＴＳが普及していきつつあり、橋本さんもＰＣの文章を読むのに重宝していると言っているんです。テキストＤＡＩＳＹもそうですけど、Ｋｉｎｄｌｅとかの電子書籍とか電子版の新聞や単なるインターネット上のサイトの情報なども、ＴＴＳでどんどん読めるようになってしまうのだったら、音訳する努力ってどう捉えればいいんだろうという……、そんな疑問が湧いたんです」

和美の言葉を聞いて、平井さんは真剣に聞いていた顔が緩んでにこやかに応じた。

「井上さん。本当によく状況を理解していらっしゃいますね。まず、さっきの〝ついていけないな〟は、それでいいと思いますよ。さっき私も言ったように利用者さん、図書館担当者、そして館そのものの状況でやれることを決めればよいと思うんです。どこかの館を見本として同じことをしなくてはならないなんてルールはないんですから。ただ、まるで橋本さん個人の努力の話の時のように、橋本さんの館は全体として組織立った努力をとても多く払っていると は思います。そこに素直に驚くというのは私も同感です。あと、ＴＴＳの話ですが、確かにそうなっていくと思います。まだまだ先のことだとは思いますが、技術も日進月歩ですから。今は人間じゃなくてはできない、たとえば、とっても珍しい人名や地名を調べたり、図表やグラフや表紙を〝読んだ〟り、そういったことも、ＡＩができる日が来ても不思議ではありません。ただ、現状、音訳図書には音訳図書の長所があります。そして、それでなければならないと感じていらっしゃる方もたくさんいますから、その需要を満たすということは決して無駄ではないと思っていますよ」

平井さんは、アイスティーを一口飲むと続けた。

「ただ、『カセットテープに録音して欲しい』と仰る利用者さんはやはりほぼ全員高齢の方です。世代が変わり、誰もが普通にスマートフォンをバンバン使えるようになったりしたら、ＴＴＳが今の機能のままだったとしても、もっとずっと普及しているようになるでしょうね。合成音声に慣れているという意味でも、違和感を持たずに音声資料の読書を楽しめる人は増えるでしょうから。ロゴス点字図書館でも、点字図書館という名前になっていますけど、実際には井上さんにも見てもらった通り、点字はデータ利用もあるので、ペーパーだけの利用ではありません。では音声の図書の貸出が業務として多いのかというとそうでもなくなってきています。利用者さんが自分でダウンロードしたり、スマホの読み上げ機能で十分と考えていたりするようになってきていて、その面での私達の支援の需要が減っているんですね。一方で、リクエストの多い書籍を速やかに音訳することに対する需要はどんどん増えています。その需要もどこかではTTSの高機能化したような技術によって吸収されていくのかもしれません。ウチの西田館長はiPhoneをバリバリ使っている人間なので、そういう技術によって実現するバリアフリーの世界がじわじわと浸透していると感じていて、ロゴス点字図書館の使命も、そういった技術で支えられるバリアフリーの世界に、まだその存在を知らない障害者の方々とか、知っていても参加できないでいる障害者の方々とかを参加できるように支援するようなことに変わっていくのではないかと思っていますね」

平井さんは一頻り話すと、「ごめんなさい。私ばかり喋っちゃって」と謝り始めたので、和美と舞香は「いえいえ。そんなことはありません。とても勉強になります」

と慌てて何度も強調した。そして、平井さんのお話を受けて、和美は西田館長の主張に関心が湧いてきた。

「西田館長のお話、凄いですね。なんていうか、進んでいる考え方なんですね」と平井さんに言ってみた。平井さんは、「そうですね」と言ってから、西田館長の話をした。

「さっき、井上さんが、視覚障害者の方々と接して、その背景や想い、そして隠れた努力を理解した接遇を実現するというようなことを仰ったじゃないですか。すべての公共図書館がそういった目的で視覚障害者の職員を雇うべきというのは、勿論無理がある話です。なので、そういう需要というか要望に応えるということだと思いますが、西田館長は自分の失明してからの経験や周囲の人や社会のありかたについて感じることとか、そして、さっき言ったような技術の進展による将来の変化の方向性とか、いろんなことをまとめて色々な図書館関係者の方々にお聞かせするような講演をしていることもよくあるんですよ」

「え」と和美と舞香がハモって言った。それを是非聞いてみたい、自分達が聞くだけではなく東上市立中央図書館全体の視覚障害者支援サービスの向上の最初の一歩にしたい。その考えが、二人の頭の中に同時に浮かんだ。

「それは、ウチの館でもお願いできるんでしょうか」と和美が畳みかけるように平井さんに迫った。

するとと平井さんは、淀みなく答えた。

「ええ。スケジュールさえ合えば、別に普通にできると思いますけど……」

周囲の人はあまりいない席だったが、それでも少し離れた席の客が「何事か」とこちらを見るほどに大きな声で、和美と舞香は「やった」と叫んだ。

「是非お願いします。あ。だけど、すみません。まずはウチの上司に話を通します。あの、それを待っててもらえますか。必ず話を通しますので」

和美は堰を切ったように話して平井さんの顔を見つめた。平井さんはその勢いに全く飲まれることなく、にこやかに「ええ。お待ちしてます。西田館長もきっと喜ぶと思いますよ」と言った。

平井さんがちらりと腕時計を見たのを和美は見逃さず、「平井さん。すみません。こんなに引っ張っちゃって」と謝ると、平井さんは丁寧に答えた。

「いえ。まだ大丈夫なんですけど。大丈夫だよね、という感じで時計を見てしまって失礼しました」

それじゃあ、と二人は帰り支度を始めた。

「平井さん。ご自宅どっちの方なんですか」と店の前で舞香が平井さんに尋ねていると、会計を終えた和美が店の扉を押し開けて出てきた。

「平井さん。今日は本当にどうもありがとうございました。西田館長の件、上司にすぐ話して、また必ずご連絡します。よろしくお願いします。何でもかんでも頼りにしてしまって本当に申し訳ありません。これからもよろしくお願いします」

体育会系のバンドマンのノリで平身低頭で言うと、平井さんは「いえいえ。私もとても勉強になっています」とニコニコしながら応じた。

二人が見送る中、去ろうとする平井さんに、和美が「あっ」と言って話しかけた。

「平井さん。この前のオンライン打ち合わせでお話ししたときの内容なんですが、あれ、上司に見せても良いでしょうか。録画されている平井さんのお話とかを見せた方が、すんなり話が通ると思うので」

「ああ、あの打ち合わせですね。特に私変なこと言ってなかったですよね。大丈夫かな。まあ。井上さんが役に立つというのであれば、いいですけど」と答えてくれた。

「ありがとうございます！」

和美も舞香も繰り返しながら、平井さんを見送った。

第7章

和美、課長にプレ・プレゼンする

■第7章　和美、課長にプレ・プレゼンする

　ドアを開けて和美が広い会議室に入ると、課長はドアに背を向ける形で席を取り、やや間隔を空け気味に座っている総務課長と並んでノート型ＰＣを覗き込んでいた。モニターの中で話しているのは平井さんだ。

「ああ。井上さん。ちょっと、その辺に座っていてくれるかな。もうすぐ録画の内容が終わるから」

　課長は和美が入ってきたことに気付くとそう言い、自分の正面側にあるテーブルの向こう側の席につくよう指差した。

　和美がモニターから漏れる平井さんの声を聞いて、「ああ、もうすぐ挨拶して終わりだな」などと思っていると、課長は「もう大丈夫かな」と別れの挨拶を待たずに、オンライン打ち合わせの動画を終了させ、ＰＣのスイッチを切って、モニターを閉じた。

「平井さんの説明は非常に分かりやすいね。何をすべきかの答えがいきなり分かる。これじゃあ、井上さんのリサーチというよりも、平井さんの説明を皆に共有しておしまいという感じかな」

　課長がにこやかに言うと、横で総務課長も笑い出した。

「まあ、そうなんですけど、問題は平井さんの仰っていることのどこまでを取り敢えずウチの館で取り組むのが良い

のか……ということです。平井さんの仰ったことには色々な機械を購入して用意する話もあれば、図書館の建物を工事したりするような話もあります。ただ……」

和美が慌てて言うと、課長は先取りして言った。

「まずは、できる所からやる。そして、それはカウンターで視覚障害者の方々にきちんと向き合った対応をするという所から始まる……ということだね」

和美が「はい。その通りです」と答えて続けた。

「平井さんも仰っている通り、順番としては、まず音訳書籍のダウンロードや相互貸借は、やろうと思えば基本的にすぐできることです。ですから、それをやるということと、あと、ウチの館でも『多目的室』という名称になっている部屋をもっとフル活用するようなイメージで、対面朗読を予約制で実現する……といったことをサービス・メニューとして決めます。それで、それを実現するための準備作業をすることになります。大きく分けると、一つ目が、利用者登録の仕組みで、それほど手間のかかるものではありませんが、きちんと整備しなくてはなりません。サービス・メニューのオペレーションをマニュアル的にまとめて、それを理解して説明できるようにスタッフ向けの研修を内部で徹底して行なっていく必要が出ます」

「なるほど。音訳書籍などの貸出だけではなくて、対面朗読にまで踏み込むのだね。予約の仕組みとか、運営方法とか、そういった点、たとえば、朗読者はどこから招くのかというのは、どうするのかな」

と課長が尋ねた。

「あ、その辺は先日お訪ねした青井館の橋本さんによれば、青井館のマニュアルや受付フォーマットなどを、すべてご提供いただけるということでした。そして、ボランティアさんも、青井館だけではなく、平井さんのいらっしゃるロゴス点字図書館さんにも紹介をお願いできるようです。あとは、ボランティアの方々を紹介して下さるネットワーク的な組織もあると聞いています。ですから、対面朗読を希望される利用者さんとそういったボランティアさんを、何て言うか、マッチングすることで、原理的にはサービスが成立することになるかと……」

和美が応えると、二人の課長は「なるほど」と声を揃えて言った。

「じゃあ、まあ、音訳書籍のダウンロードや相互貸借で音訳書籍の貸出サービスと対面朗読の二本をサービス・メニューとして明確に付け加えるという感じだね。まあ、今まで、何人かの分かっている職員がうまく対応できた時には、できている時もあった……という程度のことだったものを、きちんとサービスとして確立するというふうに私は理解しているよ。それで、平井さんも言っていた、郵送とか配達のようなサービスはどうするのかな」

課長はさらに尋ねた。

「はい。取り敢えず、現段階では考えないことにします」と和美がきりっと断言すると、総務課長の方が「ん。それでいいのかな」と疑問を呈した。

「はい。もちろん、そのようなリクエストが来たら、当然応じることとして、マニュアルには書いておきますが、具体的な方法とかオペレーションとかは、現時点では踏み込まないことにしておきます。リクエストを受けてから、個別の状況に応じて対応を考える時間的余裕はあると思うので、その時に先行事例も調べて結論を出せばよいようには思っています。あと、ウチの館は利用者の方々の住所の広がりは、近くの電車の線路や川などの関係で、実はあまり大きくありません。決めつけることはできませんし、例外的に遠くからいらしている方もいらっしゃいますが、基本的にはまさに近隣の方々というイメージです。であれば、少なくともカウンターにいらしてそうしたリクエストをした方なら、時間をかけて届けてもらうのを待つよりも、カウンターにまた来るという形をとることも、それほど不自然なことではないように思うんです」

和美が、決断の背景にある考えを述べた。

「なるほどね。それが平井さんとの打ち合わせの中でも井上さんが言っていた、地元の人々のためのわざわざ来てもらう価値のある図書館と言った考え方の結果かな。じゃあ、郵送や配達の話は分かったよ。で、そういう体制ができたという話になったら必要になるのが、平井さんも強調しているPRの部分かな」と課長が言った。

「はい。PRの部分は取り敢えず、先程の想定のように、視覚障害者の方の周囲の方々が、既にウチの館の利用者として存在しているという想定の下に、館内での告知を強化する感じで考えています。あとは、館のウェブサイトでも告知をするのはもちろんですし、一般的な市の広報にも記事扱いしてもらうようなことを検討していけば、ひとまずは良いかなと思っています」

「そうか。以前、井上さんが、中途失明者の人はそのまま閉じた世界にこもりがちになる可能性があるというようなことを、その何だっけ……。ああ『司書トレ』か。その動画を見て、最初にロゴス点字図書館に行った後に、私への報告の一部で言っていたことがあったよね。そういう人の周囲の人々がウチの利用者さんの中にいて、口コミのような形でウチのサービスを知ってもらうということを言っているんだよね。それはそれで良しだと思うけど、他にもっとダイレクトに本人に手を伸ばすようなことは何かできないのかな」

課長は頬に手を当てて考え込んだ。

「はい。やるべきだと思います。ただ、仮にそういった方法を取って、こちらもオペレーションがこなれていないうちに、相応の数の視覚障害者の方々からの問い合わせが出ても、カウンターなどの現場が混乱するかもしれないので、一定の、たとえば半年間とかの後に、そういったPRを開始するということかなと思っています」

和美が応えると、総務課長が尋ねた。

「具体的な何かPRする方法はもう想定しているのかな?」

「はい。まだ、アイデア・レベルでしかありませんが、一つは、ウチの近隣のエリアでそうした方々向けのガイドさんやヘルパーさんをしている皆さんにPRをするような方法は考えられると思います。あとは、もっと積極的に、中途失明したばかりとか、変な言い方ですが、中途失明してしまうことが分かった段階の方々とか、そういった人たちにPRする手法もありそうに思っています」

和美がそう言うと、課長は何か閃いたように顔を上げた。

「なるほど。たとえば、高齢の方々が緑内障や糖尿病で視力の障害が嵩じてきたとしたら、その方々は当然医療のお世話になっているわけだから、そういった医療機関での何らかのPRを考えるとか、そういったことも考えられるということだね。まあ、確かに今すぐどんどん進める段階ではないような気がするが、頭の片隅にとっておいたほうが良いPR策はあるということだね」と課長が言った。

和美が「はい。そうです」と明るく答えたのに、課長の顔は再びやや暗くなった。

「しかし、さっきの平井さんのお話にある所では、カウンター・スタッフたちへの研修内容は、単なるオペレーションだけの話ではないね。そうだ。話し方なんかの改善もしなきゃダメだね。あとは……他にも、もっと根本的に、視覚障害者の方々はどういったことを考えているかというか、どういう世界の中に生きているかということを、知っておくべきという話じゃないのかな。井上さんも、その青井館の橋本さんという視覚障害の職員の方に会ってみて、驚きの連続だったという話をしていたよね」

そう課長が言った。

「はい。そうなんです。まずスタッフ全体の研修の中に、カウンターでの配慮すべきこと、その中には、さっきの話し方なども含まれますし、歩行訓練士の方を招いて研修を受けなければならないとも思います。ですから、実は、元々職員によっては実現している時もあるようなサービスをいつでもだれが担当してもできるようにすることは、このスタッフの『質的向上』によって成立する部分が大きいと思っています。ただ、そんな感じの人的な部分でサービスを向上するということこそが……」

和美が言いかけると、課長がにこやかに言った。

「さっきの地元の人々にわざわざ来てもらう価値のある図書館になることだ……ということだね」

和美が「はい。そうなんです」とはきはきと答える。

総務課長と目くばせするようにしてから、課長が口を開いた。

「大筋、井上さんの考えで問題はないと思うよ。それで管理職の会議でも私から報告しておくから、その方向性で具体的にいつからやるかとか、詳細な計画を管理職の間で練ることになると思うよ。まだそういう決定をしていない段階での話ではあるから、調査の結果報告という形で、井上さんには来週火曜日に開催予定の次回の月例会議で発表してもらうことになるね。大筋で実現する方向の話だという理解を参加者の人達にはしてもらうけど、まあ、まだ一応細かな計画を揉む余地があると言った、そういう段階の話としてみんなに理解してもらったらいい。ただ、最後に一つ、井上さんが明確に言及していないままに残っていることがあるね。それは、さっきの障害者の方々の世界観のようなものをリアルに知る必要が、私達にはあるという話じゃなかったかな」

漸くこの時が来たとばかりに、和美の目が輝いたのを二人の課長は見逃さなかった。

「はい。実は、その件で、提案したいことがありまして……。平井さんにこの前伺ったところによると、ロゴス点字図書館の館長が……、あ。西田さんと仰るんですが、中途失明者の方で、まさに、こういった視覚障害者の考えを知ってもらうために、図書館などに出張で講演に来て下さるというお話らしいんです。それを月例会議の際に行なうというのは、どうかなと思いまして……」

和美は最後まで自信ありげに言い切ったが、実際には課長の反応がどうなるか不安で、課長の表情をじっと見つめていた。

「ほお。興味深いね。その方は平井さんの上司にあたるということなんだね。まさに平井さんが、何だっけ、『司書トレ』か。その資料に書いていた、そういう視覚障害者の人々に接して学ぶこと……ということだね。先方はＯＫしてくれそうなのかな」

課長の快諾に近い答えを聞いて、嬉しくなった和美は声を一段と大きくして答えた。

「はい。ご協力いただけると、平井さんを通して連絡をいただいています。もちろん、月例会議の日程も伝えてあります」

「じゃあ、月例会議の最初の時間をその館長のお話に充てることにしようか。スケジューリングとか、先方との調整とか、参加者への周知とか、その辺を、じゃあ、井上さんと、澤田さんも手伝ってくれていて事情をよく分かっているようだから、二人で進めてください」と課長はまとめた。

■ 第8章

和美、ロゴス点字図書館館長を招いてお話を聞く

第8章　和美、ロゴス点字図書館館長を招いてお話を聞く

その時間は、見慣れた会議室に白杖を持ったロゴス点字図書館の西田館長が、今回の講演会担当の役を買って出た舞香に誘導されて現れてから唐突に始まった。会議室正面のスツールに座ると、舞香が用意していたプロフィール紹介のタイミングさえ逸したまま、西田館長の話が始まった。

［視覚障害者のイメージと実態］

「本日はお招きいただいて、ありがとうございます。江東区にあるロゴス点字図書館の西田と申します。まず初めに、視覚障害者と言うと見えないから何もできないと思われがちで、やっぱり視覚が優位な世の中であると思うんですけど、工夫とか知恵とかスキルとかで克服できることがたくさんあるのかなと思っています。それで今日は点字図書館の人間としての私の話もそうですし、一人の視覚障害者としての私の話も、そして、私が考えるテクノロジーと視覚障害者の世界観とか、そういった話をしてみたいと思います」

和美をはじめ、参加者の職員は、皆座ったまま一礼をした。

「これはどんなことにも言えると思うんですけど、障害者とか日本人とかそういうラベルって便利なんですけど、あ

る種、最大公約数的な話は知った上で、結局、最後は個々人の多様性もあるというところを、いつも講演で話すときには、その両方をケアしながら話すように注意はしています。とはいえ、知らないとステレオタイプから入るというのは、多くの方の通る道だと思うんですね。視覚障害って何？というところなんですが、ステレオタイプでいうと、本当に全く目が見えないとか、生まれつき見えなくて視覚の情報が全く分からないとか、いろんなことができないというようなことをイメージされるかなと思います。しかし、視覚障害者は本当にバリエーションが多くて、先天的に見えないという方や、途中で失明をしたりするという方、たとえば糖尿病なんかで失明をしたりとか、病気でだんだん視力が落ちてくることもあります。むしろ生まれつき見えないという方を探すほうが、実は少ないと言えるのかもしれないということです。あと、視覚障害っていうと、これまた一番、分かりやすいイメージとしては、全盲を思い浮かべる方が、多いのかなと思います。実は私も全盲なんですけれども、視覚障害と括られる中で全盲というのは、ほんの一部ですね。むしろそうじゃない、ロービジョンという言葉も最近よく言われたりしますが、〝見えない中で見えにくい〟みたいな書き方で最近は視覚障害のことを啓発する際にはよく言われます。実は見えにくいという方の方が圧倒的に多いです。統計的なところは分からないですが、十のうち一対九ぐらい、もっとなのかもしれないですが、ロービジョン、見えにくい方のほうが多いというのが現状なのかなと思います」

職員は一様に頷きつつ、西田館長の話に耳を傾けている。

「まずその視覚障害が全盲で杖を持つ、全く見えないっていう方だけではないというところは、是非イメージを膨らませていただけたらなと思います。ロービジョンとか弱視って、イメージ湧きますかね。近眼とか老眼はイメージしやすいかもしれませんね。ランドルト環で視力を測ったりしますが一般に視力0．3未満で、かつ矯正が効かないというところが重要になります。近視なら眼鏡をかければそれなりに戻りますが、そういう何らかの矯正をしても結局その視力が上がってこないと、見えにくい、というところに分類されていくんですね。あと、視力が1．5あっても視覚障害の人はいます。これってどういうことかと言うと視野の狭窄とかです。まさに真ん中しか見えなくて黒い画用紙に小さい穴を開けてのぞき込むようなイメージですかね。そこから見える、ランドルト環の小さい記号は見えるかもしれませんが、それだと周囲が見えないので困りますよね。また逆に、真ん中が見えないということもあります。ドーナツ型で周囲しか見えないとかです。

とても不便です。だから視力1．5とだけ聞いて見えるね、とは言えない場合があります。あと、たとえばクリアな眼鏡ならいいですけど、汚れた眼鏡をかけているような状態であったり、反転とかゆがんだり、色がいわゆるセピア色がかっていたり、違う色に見えたりとか。そういった眼鏡なら外せばいいですけど、常時、目として持ち続けているというのがロービジョンのイメージですね。特に近年、視覚障害のそういった方をケアすることで全体もケアされるという側面は確かにある一方で、その多様性に応じた支援とか、なまじ見えていたりするとカミングアウトがしにくかったりとかで、なかなか理解が得られない部分もあります。そういう難しさがあり、そういったところに今、光が当たりつつあります。図書館もそうですけど、視覚障害というと、少しでも見えているならいいというより、むしろどう見えにくいのかというところに、ある程度フォーカスをして、個別にはなってくるとは思うんですが、多様性に応じたいろんなサービスというものも考えていくのが、これからの一つの流れになってくるのかなと思っています。

あと、私は途中で失明をしているんですけれども、生まれつきだと信号と言ってもどんな形をしているかとか、手に取って触れるものならまだ分かるかもしれませんが、空とか虹とかの抽象概念とか、そういったものってなかなか同じイメージを持つのは難しいかもしれないですね。逆にじゃあ中途失明の方がいいのかというと、その見えていた共有している経験があるという反面、やっぱり見えない中でいろんなスキルを覚えていくのは、相当大変なんですね。見えていた、できていたことができなくなる、ある種〝喪失〟だと思いますけども、こういった痛みというのは、もちろん個々人の差がありますが、やはり中途で障害を負われた方の多くに、大なり小なり見られる一つの特徴なのかなと思います。あと、全盲、先天であっても、たとえば赤っていうと、直接な赤を知らなくても赤に付随する概念ってありますよね、元気とか情熱的だとか。そういう概念は共有できます。変に色のことを言っちゃいけないというよりは、意外とそのものを知らなくてもコミュニケーションができると思っています。必ずしも目に見える・見えないだけで世界を認識しているわけではないというところはあるのかなと思います。

〝テレビを見る〟という表現は何気に使いますが、視覚障害者にとても気を使う人は見るって言っていいのか、みたいな感じですね。テレビを聞くという方が日本語として変なので、もしかしたら障害を持っている人で、見えないとか言う人もいるかもしれません。ですので、〝見る〟、というのは、ある意味ものを自覚して理解するっていう、英語の〝ｓｅｅ〟でもそうですけど、必ずしも視覚に捉われた概念ではないというところもあります。ある意味そういう表現についての心遣いとかうれしい部分もありますけど、実際に視覚に障害のある人と話していく中で、こういうことは別に気にしなくていいんだ、とか気付いていく部分なのかなと思います。障害というものは全盲以外にもロービジョンがあって非常に多様であるということと、どういうところで障害を持ったか、てことですね。生まれつきということもあれば、事故や病気ということもあればということで、一枚岩でないというのはイメージいただければと思っています」

和美は、西田館長のお話を聞いて驚きの連続だった。視覚障害者の方の多様性というところの自分の知識がまだまだ不十分だったことを痛感させられる。

［障害者個人、そして館長の物語］

「ここで改めて障害者個人を考えていくと、それぞれにドラマがあると思うんです。障害者というと、ちょっとできないことがあって困るぐらいのイメージですけど、そこを一歩、踏み込んでいくと、本当にその人なりの努力があり、工夫があり、ある意味、喜びがありというような、なかなか他では想像もできないような経験とかがあります。あと、実は点字はフランスでできたものですけど、元々暗号なんです。暗い所で使える暗号っていうのをヒントにして作られたといわれています。目が見えないというよりは、逆に目を使わずに何かできるというふうに捉えれば、視覚障害者のスキルというのは、もっと還元される部分で出てくると。そういった障害者側の発信、価値の転換をしていくところがあればいいと思います。いわゆるかわいそうとか、つらい、大変というところにフォーカスを当てるというよりは、実はこの人たちは面白いんじゃないの、みたいなところから共有できるものや得られるものがあるのではないかというふうに、聞く耳を持つ人が随分、増えてきたのかなという印象もここ最近あります。京都に住んでると、逆に京都のことを知らないみたいなことがあったりするように、視覚障害の当事者だから分かることもある一方で、あまりに当たり前すぎて気付かないことって結構あったりすると思うんですよね。ですので、こういった機会にいろんな質問をしてもらえたりとか、コミュニケーションというか、対話で気付くこともあります。多様な価値がまた生まれていくような社会になったらいいなということを、いつも考えていたりしています。視覚障害者についての質問もそうですが、イメージが湧きやすいと思いますので、ここで私の話もしたいと思います。

私は一九七七年、大阪生まれです。大阪で生まれ育って、元々障害はなかったんですね。一九九〇年かな、まさに小学校を卒業して中学に行くぞという春休みで、これからのことに胸を躍らせているそんな時期に、突然視野が欠けてきたんです。何が起こったんだ、という感じで。網膜剥離という病気で、結局その後、半年ぐらい入院もして、毎月のように手術をしました。もしかしたら今の技術なら多少は良くなったのかもしれないですけど、その当時ということと、私自身の体質もあったのかもしれないですけど、もう治ることがないということになり、そういう形で障害を持ちました」

和美は、その時の西田館長の状況を思うと胸が締め付けられるような思いだった。思わず、メモを取っていた手を止めた。

「これも本当に人それぞれだと思うんですけれど、障害で困ることは、実際に見えていたことが見えないという、それはもう分かりやすく機能的に困ったわけです。たとえば、自転車に乗れていたのが乗れないとか。朝、起きて青空が仰げないとかですね、むしろ当たり前のことができないことが意外とダメージが大きかったりするんです。六法全書が読めないとかで悩むことはあまりなくて、日常の些細なことで、本当に字も書けなくなったり、行きたい所にも行けなくなったりというような、機能的な部分の困難が一つありました。もちろんそれが困ることのメインではあるのかと思うんですけど、付随して心理的な部分というのがあります。〝障害受容〟という言葉もよく言われたりするんですが、見えない自分を受け容れていくことです。これは内部の葛藤、先天の方だと本人というよりは家族の問題にもなるでしょうし、そういった状況に比較的、時間がかからず次に行ける方もいれば、手帳を取得しないとその福祉サービスを受けられないんですけど、なかなかそこが踏み出せず見えないっていうことを認めたくないから手帳も取らないとか、杖を持って歩かないとか、そういう方なんかがいらっしゃるんですね。ここはその受容の程度というものは出てくるんだろうなと。それを強制するというのも違うし、そこは本当に非常に難しい部分なんですね。

〝グリーフケア〟ってありますけど、喪失っていうのは本当にその人にしか分からない思いもあるし、成熟につなげていくということも、大変な部分なのかなと思います。私も実は中学はほとんど行けなかったんですね。結局、じゃあ中学で会おうねって言っていた友達とも会えずじまい。その中学に統合教育とか、頑張って運動すれば戻れたのかもしれないですけど、もう見えなくなった自分は何もできないって、そんな姿を見せるのも嫌で。かといって盲学校に転校したけどそこでも馴染めなくて、できることも何にもなくて、もう暗黒時代でしたね、中学の頃は。そういう心理的なものは、大なり小なりあるのかなと思います。機能的な話、心理的な話をしましたけど、社会的な部分にも大きな変化があると思うんです。たとえば、家族でお父さんが失明したら仕事が今まで通りできなくなるとか。あと、私は医者になりたかったんですけど、そういった夢とかも、努力して叶えられないならそれはそれでつらい部分もあるんでしょうけど、これから頑張るぞと思っていたところで、何にもできなくなったし、夢も希望も奪われたという気持ちになりました。そういった職業選択のこととか、あと、権利の話もあります。今は選挙とかが点字でできたりするし、差別解消法で、随分、認められつつあります。そういった社会的な不利益とか差別というものも、今、障害を語る上での外せない部分なのかなと。単に見えないというだけでも、そのことで視力的な機能的なものだけじゃなくて、それを持ったその人の心の模様とか、周囲にいる関係性とか社会的というか、いろんな影響があるんだということを少しでも感じ取っていただけたらいいのかなというふうに思います。そんな状況で、じゃあ障害をどう乗り越えるというか、打ち負かすということではなくて、障害は障害としてあるので、そのある障害とどう共に生きていくかということなんだろうなと思うんですね。お先真っ暗という表現ありますが、本当に真っ暗なんですよね」

真剣に聞いていた一同の多くは、笑うべきところだと気付いていたが、気後れして笑えなかった。

「ちょっと機能的な話に戻りますが、障害を障害がある上でどう活かしていくかというところで、ポイントとしては、何が困るかを集約すると、目が見えなくて困ることは、情報の入手とか情報の発信ですよね。一番イメージしやすいことは、本屋さんに行けば当たり前のようにみんな本を読めたり、あるいは図書館で、山のように本があって、検索して自分の読みたい本を探して持って帰って読めます。しかし、これができないんですよね。私も割と本とかを読んでいたりしてました。それで生まれたのが点字図書館という、情報支援をする施設という所なんだと思います。もちろん一般に刊行されているものが、もともと点字で出ていることはほとんどないので、そういったものを点字にしたり録音にしたりということで、情報提供をしているのが、点字図書館の主な仕事になります。私自身も失明した頃、学校にはほとんど行けなかったんですけど、社会の接点というか、細くかろうじてつなぎ止めてくれたのが、そういった本とかの情報を支援してくれていた点字図書館だったなということを、今振り返って思いました。そういう経験があったので、こういった業界で仕事をするのもいいかなと思っています。あと、発信についてですが、その当時、私が失明した頃っていうのは今ほどパソコンとかスマートフォンというのが一般ではなかったんです。普通にペンで字を書くことができないので、点字を読める人には点字が書ければいいですけど、やりとりというのは電話とか言葉のコミュニケーションが主ですよね。比較的、視覚障害者の方は、むしろ得意なものが多いのかもしれないですけど、情報の収集とか発信とかいうところには、かなりバリアがあるというようなことが言えると思います。あとは、移動ですよね。知らない所に目をつぶって、たとえばアメリカまで行けますかみたいな話で、よくよく考えたら凄いことをやっているんだなって思います。やっぱり見えていた頃に比べれば、自由に自転車に乗って本屋に行くこともできませんし、行ったとしても周りに何があるのかが分かりません。いらない情報があふれている時代なので余計な広告を見なくていいという、とてもポジティブな発想もできますけれど。だから訓練して補ったりというようなことをしたりするわけです。障害の、特に困る〝情報〟の部分と〝移動〟の部分というのを、技術とか社会の理解とか法律とかで解決していくことが、恐らく視覚障害について社会で改善していくための道筋というところで出てくるトピックなのかなと思っています。情報という点でいうと、私の失明した九〇年代あるいは今もあると思うんですけど、全部ボランティアの方に本を読んでもらったり、点字にしてもらったりというようなことをしてもらっていました。大学も行ったんですけど、点字の本って大きいんですよね。一冊がちょっとした図鑑ぐらいの大きさになるんです。文字の大きさが変えられないので、どうしても嵩張って大学入試の頃には本棚が四つか五つ分ぐらいになっていました。

司法試験に初めて受かられた竹下義樹さんって弁護士さんが、今も現役で頑張ってらっしゃいますけど、本当に点字で司法試験を受けたときは、もう『六法全書』が何個も本棚にあって、それを背後に受験したみたいな話も聞いたことがあります。そういった時代ですよね。そもそもを言い出すと、点字というものが生まれて、それを点字にしてくれるような支援者の方がいたり、点字を読めない方もいらっしゃいますので、録音も生まれて。地道なところで進んできた中で、劇的に変わってきたっていうのが、この二十一世紀になってからだと思うんです。それがパソコンとかスマートフォン、まさにテクノロジーの進化で、自分から情報を収集したり発信したりが、ある程度できるようになってきましたね」

［テクノロジーによって開かれる世界］

「テクノロジーの利用の仕方ですが、パソコンに音声で画面の入力や出力を読み上げてくれるようなソフトを入れたりすることで、ＷｏｒｄとかＥｘｃｅｌや、インターネットの情報とかいうものを見たりできます。あるいは、たとえばニシだったらＮＩＳＨＩとか書くと、ＮとかＩとか読んでくれる。漢字も、方角の西、田畑の田とかって教えてくれるんです。今そういった技術によって、自分一人で一般の皆さんと同じ情報の世界で情報が共有できるようになってきています」

和美は、具体的にどのようにパソコンを活用されているのか、元々興味深いトピックだったので熱心にメモを取った。

「私が失明して本当に真っ暗闇の中から、ある種、革命的な光を感じた出来事とルネッサンスを感じられることがいくつかありまして、その一つが、パソコンを使って漢字、仮名交じりの文章をまた書けるようになったことです。これはもう本当に嬉しかったです。点字ももちろんそれは有用性というのは否定しないですけれども、見えていた頃、結構漢字が好きだったんですね。障害により文章を作るというところが奪われたというのは、本当に不自由さを感じる部分だったんです。九〇年代、もちろん大学に入るぐらいで、パソコンもやっとＷｉｎｄｏｗｓ95が出た時代です。その時代に、そういったものを使って、また日本語が書けるようになり、メールとかで大学の先生にレポートを送ったりとか、また普通にやりとりを友達としたりしました。ちょうど皆さんも使うようになってきた頃で、視覚障害でも頑張れば使えるぐらいのところになったタイミングで、大学に行きましたが、そこは非常に大きな驚きでしたし、やれることが増える、ということを実感した瞬間でした。

ちなみにもう一個、また情報の革命というところでいうと、新聞ですね。朝、朝刊が運ばれてきて小学生なりに読んでいました。当たり前すぎて、それがなくなるってことは思っていなかったですね。情報収集の手段がテレビ、ラジオとかの音情報、あとは人の口コミとかでそれはそれで重要だと思うんですけど。今、電子版の新聞が活況ですが、一番最初に始めたのが日経なんですね。二〇一〇年くらいからですが、ちょうど私が一般の民間の企業で働いていた頃、当然ビジネス系の会社で働くと、みんな日経を読んでいるわけですよね。どこまで読んでいるかは人によるとは思うんですけど、自分は読めないというような後ろめたさというか、中に入れない感覚がありました。しかし、電子版になると聞いて、視覚障害者向けにはそもそも出してないので、アクセシビリティに対応しているとか、読めるか分からなかったですが、自分でも読めるんじゃないかと思い真っ先に登録をして、朝刊、夕刊、主要記事、ウェブだけの記事とか全部、読めたんですよね。そして、その話をまた会社でもできる。こんな時代が本当に来たんだなっていうのが、テクノロジーの恩恵としてものすごく感動を覚えたというようなことがありました。今、パソコンの話をしましたけど、それをいつでもどこでもできるようにしたのがスマートフォンなんですね。視覚障害者のために作ったものが使えるっていうのは、それはそれで一つの進歩だと思うんですけど、もっと理想なのは、みんなが使えるものを視覚障害者もみんなと同じように使える。これが究極的には双方にとっての壁がなくなる条件だと思います。それを可能にしたのがスマートフォンで、その当時のｉＰｈｏｎｅだったわけです。今でこそ視覚障害者で携帯の類を使っているほぼ九割ぐらいの方がｉＰｈｏｎｅを使っています。それぐらい普及しています。その頃は、まだそもそも世の中もガラケーというか普通の携帯を使っている人のほうが多い時代だったんです。私のいた会社が情報系っていうのもあったので、結構、使っている人は周りにいたんですがその中にアクセシビリティの項目があって、それをオンにするだけで、なんの追加の費用も負担もなく、同じ端末を同じように使えるようになるんですね。

あと、今はもう当たり前ですけど、黎明期でしたから、ｅラーニングとかいろんな講座をやってたりしますよね。そういったものを勉強することでまた世界が広がります。ファイナンシャルプランナー二級の資格を持っているのですが、それも昔、それこそ点字しかない時代だったら、まず受けられなかったことでもあるし、教材もなかったですが、ｉＰｈｏｎｅとかパソコンのオンライン授業を活用して取得しました。そういったものをうまく使うことで、障害を障害じゃなくするっていうことが、テクノロジーで随分可能になるということをもっと知ってもらえてもいいのかなと感じます」

和美は、西田館長のｅラーニングで資格取得されているエピソードに、感嘆するばかりだった。

「そういった意味で、新聞が一つのブレイクスルーだったと話をしましたが、実は本もそうなんですね。九〇年代の頃は、情報が限られてるから読みたい本がそもそもあるかないかも分からないです。何かのきっかけで、こんな本があるらしいと知ったとすると、まずどうやってその本を手に入れるかなんですね。今でこそネット書店ですぐ買えるわけですが、本屋も図書館もなかなか一人で行くのは大変です。さらに、本を手に入れたとしても、ただの本なわけで、開いたところでそれが情報として認識されないので、それを誰に点字にしてもらうか、どこで録音してもらうか、そういうことを考えて交渉してお願いをします。本当にありがたい限りですけど、それで三ヶ月、半年、下手したら一年ぐらい待ってやっとできましたよ、みたいな感じなんですね。

また、海外ほど普及してる感じではまだないですけど、今、Ｋｉｎｄｌｅとかの電子書籍が日本でも浸透していますよね。出版社とかいろんな絡みもあるとは思いますが、Ｋｉｎｄｌｅの普及で随分、読める本が増えてきた印象があります。私もスマートフォンでＫｉｎｄｌｅのアプリを入れていますけど、これも読めるんですね。ＴＴＳモードっていうのが有効な本に限ってで、いわゆる雑誌とか画像のものは無理なんですけど、文字ベースのものであれば、何の特殊な設定をすることなく読めます。Ｋｉｎｄｌｅのサイトに行って、こんな本、出たんだと知って面白そうと思った本がちゃんとＫｉｎｄｌｅ対応していることを知って購入すると、それで読めちゃうんです。ある意味、当たり前のことができるようになっただけなんですけど、九〇年代の私の失明した頃を思うと、隔世の感があると言えると思うんですよね。これが情報といったところで、この三十年ぐらいで起きた変化であり、それを身を持って経験してきた部分だと思っています。そうなると、課題として考えられるのが、大きく分けて二つ方向性があるといつも思っています。一つは、こういったテクノロジーは便利なんですけど、このテクノロジーをどこで習得するんだという話です。私はこういうものを待っていたぐらいで、感度が高い人は自分でどんどん習得します。それで次々と世界を広げることができますが、一般でもそうだと思っていて、とてもガジェットに詳しい人もいれば、使えればいいやぐらいの人もいて、別に今までどおりで困らない、という人もいると思うんです。それはそれで別に好みというか、それぞれ自由でいいとは思います。一方で、視覚障害に限ると、使えるとこれだけの可能性が広がるんだということを考えると、スマートフォンなんか使えなくていい、というのはもったいないし、スマートフォンが使えないとできないサービスもどんどん今増えてきて、それは高齢者でもどう乗り換えるかみたいな話になって来ています。一般の方以上に、このテクノロジーの恩恵を受けられる・受けられないというか、知ってる・知らないっていうところの差は大きいんです。今、課題という前提で話しているので想像が付くとは思うんですけど、喜んで使っている人の方が一部だと思うんです。やはりそれなりの費用もかかるし、Ｗｉ－Ｆｉをどうやって設置するとか、前段においていろんなことを知らないといけない。たとえばパソコンでも、常にひと手間いるんですよね。Ｗｉｎｄｏｗｓを知って、Ｗｏｒｄを知って、それを動かすスクリーンリーダーとかアクセシビリティを知っているかどうかも関わってくるので。Ｗｏｒｄ、Ｗｉｎｄｏｗｓぐらいまでなら一般の知識で大丈夫ですが、その上の知識って、そんな簡単にどこでも転がってるわけじゃないし、それを知っている人も世の中そこまで多くないので。やっぱり支援というものは必要になってくるんだろうと思いますよね。

私からしたら本当にみんなに使ってほしいと思うんですけど、多分全体で見たら、スマートフォンを使っている視覚障害者の方は全体のまだ三割もいかない、下手したら一割にも満たないかもしれないです。スマートフォンがなかなか敷居が高いというふうにいわれています。点字図書館は、ある意味ドメインを広げ、情報提供を支援するという立ち位置の場所だと思うので、点字や録音にするのに加えて、どうやったらその人が欲しい情報にアクセスできるのかということを考えていく、支援していくというところに、軸足というものは移っていくんじゃないかなということを感じています」

パソコンを使うこと以前にＷｉ－Ｆｉの設定やその準備段階の大変さまで、和美は想像できておらず、西田館長の言葉に大きく頷いていた。

「もう一つ、これは社会みんなが考えるべきことだと思うんですけど、こういったテクノロジーが進化して、ｉＰｈｏｎｅだのスマートフォンだのパソコンだのが使えて、私はＡｐｐｌｅ Ｗａｔｃｈも付けてますけど、みんなと同じように使えて一見これハッピーだと思うんです。でも、そもそもアクセスする情報が、アクセシビリティに配慮してないものだったらどうするかという話ですよね。どんなにその人がテクノロジーを使いこなしたとしても、その根っこにあるデータが、全然そんなことに配慮してなかったら、やっぱり読めないんですよね。出版社でデータを提供してくれれば、もちろんそういうスキルのある、リテラシーのある人がという前提にはなりますけど、視覚障害者でも読めます。とはいえ、出版社でデータとかを提供しているところなんて、多分ほんの一部です。

たとえば、ホームページの話ですが、画像認証のログイン画面がありますが、視覚障害者はそこに行けないんですよね。でも、大概、ＦａｃｅｂｏｏｋやＴｗｉｔｔｅｒでも何でもいいんですけど、海外系のものは大体、音声確認とかの手段をちゃんと準備してくれるんです。海外のほうが、アメリカなんかはむしろ罰則なんかもあるのでアクセシビリティのガイドラインに則って作っています。でも日本はないことが多いですね。それを法律でちゃんと規制していくのか、気付いた人の意識が変わってどんどん法律になっていくといいですよね。法律があったって機能しないこともあると思うので、草の根的な部分と社会政策的な部分と、またそういった民間の力って凄いと思うんです。私はその精神で、もともと民間の会社にいたというのもあるんですけど、駄目だ、じゃなくて、利益を上げられるかどうかは、どんな状況下でもチャンスがあることだと思うんですね。そういった民間の方たちが、そういった視覚障害とかアクセシビリティに意識を向けて、それが組み込まれるようなサービスが、スタンダードになっていくような流れが、日本でもできたらいいなと思っています。

情報の話がメインにはなってしまったんですけど、移動というところも、情報を入手して動くわけなので、少し触れておくと、同行援護とかガイドヘルプという、人に依頼するというのもあります。これもスマートフォンのアプリで、随分GPSの精度が上がってるんで、ピンポイントでのルート案内は難しいことはまだあるんですけど、音声で何となくこっちにあるぐらいの話レベルであれば、随分、助けにはなるような仕組みはできてきています。

点字ブロックにICチップを入れ込んで、Bluetoothかなんかでそこ通ったときに情報を読み取れるようにするとか、信号の色をそのBluetoothで検知するという話もあります。あと、労働と社会、いわゆるガイドヘルプって備されて、少しずつそういった理解も進んでいるのかなと思います。盲導犬も身体障害者補助犬法で整生活を支援するという文脈だったんですけど、仕事でも必要だというところで法律も変わってきて、少しずつ社会に出やすくなってきたと思います。また情報の観点にはなりますが、やはり、スマートフォンの普及の意味には非常に大きいものがあります。これが使えるかどうかというのは、就労できる、復職できるとかに関係してくるので、非常にQOLに関わってくることです。あとは、携帯電話会社と抱き合わせで視覚障害者向けに教室なんかを開いたりとかしているみたいですね。AppleもApple Storeでいろんな講座を開いてますね。その中で、アクセシビリティとかVoiceOverを使うことは結構定期的にやっていますね。時代は変わったなというふうに感じるところですね。

じつは、視覚障害者はそんなに数が多くないんですよね。社会貢献とか、循環型社会だとか、サステナビリティーとか、そういった文脈もあるとは思うんですけど、やはりみんなが使えるようなものというのは、もっとこれから多様であると共にみんなが同じプラットフォームに立てますし、そのバランスはとても難しいですが、テクノロジーやビジネスが果たす役割っていうのは大きいのかなと思ったんです。みんなが使えるものが、視覚障害者にも使えるというわけですが、視覚障害者のためにiＰｈｏｎｅを作ったら、こんないい商品にはならなかったとは思います。ちなみに今、iＰｈｏｎｅの話ばっかりしていますけど、Ａｎｄｒｏｉｄも一応、使えるようにはなっています。日本語と英語の違いや、法律的な部分もあるんですけど、言語的に漢字、仮名交じりの文章を処理するのはいわゆるワープロソフトの開発秘話なんかも聞いても、相当な技術が必要で、多大な苦労もあるようです。

それと同じような話で、日本語固有の環境っていうのが、アクセシビリティでもあります。私がiＰｈｏｎｅを買った頃は、それこそ日本でも、情報に割と感度が高い人たちは持っていたぐらいのレベルで、当然、視覚障害で使っている人はほとんどいなかったので情報も全然得られず、海外のサイトでiＰｈｏｎｅを視覚障害者が使っているようなアクセシビリティのサイトとかを参考に、日本語でも使えるのではと感じていました。当時は本当に漢字変換とかを全然読み上げなかったり、機械としては不十分でした。そんな中でも、〝読む〟に関してはそれなりには読めました。今は、随分アクセシビリティとか窓口もしっかりしてるし、この十年で随分、変わってきたなと思ってはいます。ちなみにiＰｈｏｎｅですがいつもこれぐらいの速度で聞いています」

実際に、西田館長が手元のｉＰｈｏｎｅを取り出し、操作し始めた。ニュースを読み上げる音声が流れる。

「こんな感じで一般的なニュースのアプリとかを普通に読めるんですね。Ａｍａｚｏｎで注文できたりとか。Ｋｉｎｄｌｅは別の声にして、区別が付くようにしてるんです」

【技術のシンギュラリティと音訳】

「こんな風に、テクノロジーの変化によるアクセシビリティの上がり方っていうのは、凄いなっていう実感をいつもしていますが、皆さんにも少しでも伝わったらいいなと思います。

　こういう課題は、ある意味シンギュラリティ（※3）の話で、どこの分野でも言われていますけど、最後に人にしかできないものは何かとなると、結構哲学的な問題なんだろうと思います。やっぱり福祉もそうだし、いろんな分野でも模索されたり議論されている中で、Ｋｉｎｄｌｅで読ませたりもしていますけど、合成音声というのは確かにものすごくレベルが上がってて、質も一定なんで、ある意味、本当に人が読むよりも楽な部分も出つつあるんだと思います。そんな中で、まだＡＩ、機械に任せられない部分っていうところでいうと、書籍の中に出て来る図表の説明とかになっていくという流れは、一つあるのかなと、実際問題としてあります。あと、音訳ですね。この業界が今後どうなっていくか、難しいなと感じるところで、このモデルが成り立っているのは、点字、録音の本を作るにあたってボランティアの方のご協力をいただいているわけです。八〇年代、九〇年代ぐらいまでは、専業主婦の方が当たり前に

※3　人工知能（ＡＩ）が人類の知能を超える技術的な特異点や、技術哲学・科学哲学・未来学などにおける人工知能の進歩の概念。

DAISYを使う西田館長

いらっしゃった時代で、点訳とか音訳は、体を動かすというよりは頭を使うというとこで、すごく優秀でやる気のある方が実際支えてくださっていたから成り立っていた部分はあったと思います。しかし、今、高齢化が世の中的にも進んでいますし、そういったボランティアの方も高齢化してきているという問題があるのと、今、ボランティア、寄付というような支援も多様化しているんですよね。そのライフスタイルも一様じゃないので、昔と同じように点字や録音、音訳をする方を確保するということ自体も、ちょっと難しくなってきているという現状が絶対あると思うんです。手話とかはうまく有料化してビジネス化している部分がありますけど、視覚障害っていうのはボランティア文化が強いんですね。そういった、人にしかできない部分と、機械に任せていい部分と、その上でそれならできる人というので、ある程度戦略的にできますよね。福祉系で戦略的とかいうと怒られますが。

話を人間にしかできないことに戻します。やっぱり図表とか注とか写真とかは、音訳者でもやっぱり苦手な人が多いんですよね。それに特化した、育成カリキュラムとか教育ツールとか手段があると、もう少しやってくれる人が増えるんじゃないかなとも思ったりはします。寄りどころがあるといいですよね。Ｋｉｎｄｌｅの図表は『図表』としか言わないんで。Ｋｉｎｄｌｅ、ＡＩレベルではまだ追い付いてない。多分そういうマニュアルができると、じゃあ

ＡＩに勝ったという感じになるんでしょうけど。結局は図表とかもＡＩに覚えさせて、機械的にＡＩができるようになるんじゃないかなとは思います。それに、機械にはできず、人間でしかできないようなことをやっていこうとすると、逆にそれは人間にとって難しいことを挑戦していくことになっちゃいます。結果的に、すごく失礼な言い方ですけど、適当にやっていらっしゃるボランティアさんというイメージの方は、多分、できなくなってしまう。もうそれこそ専門性の高い何かをやってもらう前提になっていくので、それを専門性の高い技術を持っているのに、ボランティアをお願いできるのかどうかという話になっちゃうと思います。

全体的には淘汰されていくとは思うんですけれども、でも、やっぱりそういう意識の高いボランティアの方は、いると思います。点訳も音訳も十年、二十年、三十年も本当に続けてくれるんですよね。そこは凄いなと思います。ただもう頭が下がるばっかりなんですけれども。本当はビジネスというか経済的に合理的な考えだけで人は動かないんだなと、こういうところにいると思います。

報酬という観点から考えると、本当に機械でもできることをやっている人たちは、逆に給料をもらえなくなると思ったらどうなんだろう、とかちょっと思ったりします。この辺の感度というのは人によりますが、今はそういうことに興味、関心のある人にとっては、かなり熱いトピックですね。どこかのタイミングで、それこそ分岐点がピークを越えると、みんなの深刻課題になっていくのが遠からず数年先には来るんじゃないかと。今その過渡期に、いる気がしますよね」

和美も、自分自身の仕事のことを振り返り、機械ではできないことをできるようになろう、と決意を新たにした。

［双方向の理解］

「ここは余談みたいな話ですけど、本当に、人間不信だったとき、大学生って面白いことを求めている部分もあると思うんですけど、意外に自分が思っているほど、障害とか差別とかっていうものを毛嫌いする人ばかりではないんだなということを感じられたのは、大学の頃でした。一緒に酒を飲んだりして、飲み過ぎたりしていると、おまえも人間なんだなとかしみじみ言われたり。それは私にとっても学びでした。あるいは周囲に、これも後で聞いた話ですが、サークルで、花火を見に行こうぜっていう話になって、私を誘っていいのかという話を真剣に議論されていた、ということを後で聞きました。周りもいろいろ試行錯誤していると思いますし、そこは本当に歩み寄りというか、大胡田誠さんという弁護士の方が、私と同じ年で、高校までは同じだったのでよく知っていまして。彼が講演で、『差別解消法』ができて、歩み寄りっていうところが大事なんだと発言されていました。子どもの頃、砂場で山を作って、そこにトンネルを通すってことをやると思うけど、片方からトンネルの穴を作り、もう片方もトンネルの穴を作り、その一つのトンネルを作っていくような作業を今、われわれはやっているのです。まさに、これは両方が努力してやっと一つの道ができる部分だと思うんですね」

［点字図書館の未来］

「それでは、点字図書館の館長をやらせてもらっているので、ここで点字図書館の将来について考えたことをお話しします。これは、将来と簡単に言っても、実際にはどうなるかわからない、かなりアバウトにみんな抱いてる不安なり、課題だと思います。やっぱり、この時代はとても多様化しています。昔は見えない人に点字の本を作る、録音の本を作ることで、ある種ミッションは達成している部分があったと思うんですね。もちろんそれがなくなることはないと思うんですけど、それだけやっていてもなかなか本当の意味で利用者のニーズをくみ取ることにはならないと思うんです。極論を言うとですけど、こういった施設がない社会が本当は理想なんです。みんなが情報に対してちゃんと配慮していれば、そもそも点字図書館なんか介さなくても、直接情報を入手すればいい話だと思いますし。そういった意味で、もしかしたら点字図書館というのは、これは微妙な表現かもしれないですけど、なくなっていくっていうことも一つの道としてあって、ただそれは、言い方としては、理想的にはというところがあります。当然、理想的にはそうですが、やっぱり解決していかないといけない問題っていうのは絶対残っていくんですね。さっきの話の中で、たとえば、スマートフォンなどの便利なものを使えない人がいっぱいいて、そういった方にどうケアをするか。また、今、Ｋｉｎｄｌｅだと漢字の読み間違いとか、あと、それを点字で読みたいっていう方もいらっしゃる。英語だと普通に点字の機械につなげば英語でも読めるのですが、日本語は難しかったりもします。そういったときに、人の手というものはどうしても介在すると思います。今、特に著作権、権利上の問題もあるんでしょうけど、Ｋｉｎｄｌｅで読める本がいっぱいあるとはいえ、出版されてる本全体の中で、こういったテキスト読み上げに対応してる本は、私は統計的には分からないですけど、ほんの一部だと思うんですね。じゃあこれをどうしていくか、そういったところの情報を発信したり運動していくことも、やはり求められます。点字図書館の名前の〝点字〟というのはある種、象徴的な意味で使われていますけれども、やっぱりこの点字図書館という名前では語れない、より広い意味あいがあり、実際その流れはあって、情報何とかセンターみたいな感じで、総合的な情報を含めた視覚障害者を支援する場所というような形で、名前を変えているところが実際、増えてきています。そういった意味で、より視覚障害者の寄りどころとなる情報を一つのキーとして発展していくというのが、一つの道なんじゃないかなと思いますね。

そこには連携が、すごく大事だと思うんです。今もこの話はよく出ていると思うんですけど、点字図書館としてのスキル、ノウハウがあるし公共図書館の障害者サービスと重なる部分もあれば、こちらにしかないものもあるかもしれません。あとは、より広く言えば学校図書館とか、出版社との連携とか。そもそも障害という観点で、中途失明する最初にそれが発生するのは医療なので、医療の分野や、それを支えるという意味で、福祉とかリハビリの分野とかですね。今まで縦でそれぞれが頑張ってきた機能や役割がつながって、ワンストップに視覚障害と言われてる人たちのいろんなニーズに応えていく、セーフティーネット的な形で連携していくというのが一つの流れになっています。でもこんな話はある意味、視覚障害以外でも今、どこの業界でも起きつつあるのかなというふうには思っているわけですね」

［医療と福祉］

「今、福祉の分野と医療の分野の連携の話になりましたけど、医療のサイドからすると、死とか障害ってある意味敗北なんですよ、多分。基本、治すことを使命にして頑張っている方なので、そこは、医療側も障害を受容してもらわないと困るところだと思うんです。今でこそホスピスとか緩和ケアとか、随分広がってきていますけど、かつてはやっぱり、今でもかもしれませんが、保守的な部分があって、治ることには力を入れるけど、治らない人にはちょっと冷たいみたいなところが傾向としてはあるんですね、私も父を看取ったときそれはすごく感じました。やっぱり人間っていうのは失い、死んでいくべき定めにあるものなんです。治るものは治るけれども、どうしようもないものを目にしたときに、そこが究極の医療なんじゃないかなと思うんです。そういった視点で医療も変わっていけば、より人間の深いところ、理解につながるのかなと思います。そこができないっていうことであれば、それこそ連携ですよね。〝スマートサイト〟という言葉を意識している方が増えつつあって、その医療と福祉が連携してそのサービスを途切れないようにする、その人が社会生活をちゃんと送れるようにしていこうという流れは、一部ではありますし、まだ対応してない部分はあるとは思うんですけど、そういった先進的な動きに気付いた眼科医の方も少しずつ増えてきている状況ですね」

［公共図書館の公共性］

「遅れている、進んでいると言うのは非常に難しいです。遅れていると言うと、問題を指摘することになっちゃうと思うので。果たしてどんな可能性があるのかという点で捉えていくと、今の図書館の可能性みたいなものが発掘できるんじゃないかな、というふうに思います。公共図書館といいつつ、公共って誰の公共だという観点で、今まで視覚障害者で公共図書館に行ったことある人って多分、少ないと思うんです。それこそ、海外の人や、子ども連れの人が公共の場所に行けるのかですよね。公共の話って割と最近トレンドなものになっていたりします。そういったところを問い直したときに、コミュニティ的な役割を持たしている図書館もありますけど、その一つの情報として、もっと誰もが来られるような場所で、コミュニティーの基盤となるような可能性というのは、むしろ図書館が一番、持っていてもいいんじゃないのかなと思いますね。その開かれた、ある意味、今までは来たい人が来ていた、それで済んでいたと思うんですけど、やっぱりビジネスでも、いいものを作れば売れるっていう時代はもうとうに終わっています。そこはビジネスの凄いところだと思うんですが、顧客主義に流れが変わって、その顧客のニーズというものにフォーカスをし、それだけではなく、社会全体に目を向けて、今のサステナビリティーとかそういったものに視野が移っていると。こういった民間のビジネスの動きから学ぶところが結構、大きいんじゃないかと思います。公共と言ったときに、来たい人が来ればいいのではなくて、来ていない人にどうアプローチするか、来ていない所に潜在的なニーズってどんなものがあるのか、というような、あるものを見るのではなくて、ないところに光を当てるっていうことをまずしていく。その上で公共と言いながら知らない人たちがいっぱいいるんだと。じゃあその中で我々ができることは何なのかを、掘り下げるところから始まるのかなと思いますね。

じゃあ具体的にとなると、いくつか先進的な公共図書館もあります。そういった所は、複合施設になっていたりしますけど、取り敢えずその町の誰もが集まる所になっていて、憩いの場のように、親も、子どもがそこに行くと言ったら安心できるみたいな、そういう場所になっている図書館もあって、とてもいい環境だと思います。そういうことが地域にすごく役立っているなと思ったりするんです。本を借りるとか読むとかとはちょっと別なのかもしれないですけど、何となく見守り的な役割をしているような図書館は、神奈川県の二宮の方にあったんですけど、凄いなと感じています。町が大きくないというのもあると思いますが、税金をちゃんと住んでいる方のために役立てているなと思うことがあります。

本当は選書一つでも、良い本の定義って何だというところもあると思うし、そこにどういう基準を設けるのか、それだけでも随分、図書館も変わってくるんだと思います。本当に開かれた、ある意味いろんな分野でも言われていることではありますが、意識改革というところで、うちの点字図書館ももっと開いていかないとなとは思います」

「今回の話の目的と公共図書館に望むこと」

「こういったお話を学校や図書館で色々な人達にしてきているんですが、聞いてくださっている人たちの中には子どもがたくさんいることがあります。小学校に行くと、やっぱり目が見えないのは『大変』みたいな感想の子はいますよね。いますけれど、大人でもびっくりするような答えを返してくれる子もいるんで、ある意味、社会の縮図のように思えることもあります。また、支援しようと思ったというような感想を持ってくださったりする人もいます。多分、館長なんかはそういうものがちゃんとあると思うんですけど、どうしたら支援ができるかなというふうに受け止めてくれる方が割と多いですよね。大変、見えなくてつらいっていうようなイメージしかなかった方にとっては、何らかの違った角度から、より深い踏み込んだところで見えるようにもなるようです。それをどう表現されるか、どう実行するかはそれぞれだと思いますが。声を掛けるでもいいですし、そういうことも勇気がないとできないと思いますが、それでも十分な支援になっていることを分かってもらえればという感じはあります。

大学の頃の経験について先ほども話しましたが、就職は民間会社ではいわゆる障害者枠で入らず、一次、二次、最終とか、役員面接をして正職員と変わらないキャリア採用で入りました。これは別の話題で、障害者雇用っていうと、その特殊な枠の中で限定した職種で雇用して、数を合わせるみたいなところがありますよね。まずは社会で働くことは一つの目的として、今度は数から質に移っていくんだろうなと思うんですよね。そこでどんな仕事でキャリアを積みたいのかといったことに、今の障害者雇用の制度が、果たして応えられているかなというのは、少し疑問に感じることがあったりしますよね。その人の本当にできることをどうしたら実現できるのか、みたいなところに気付いた企業で働く障害者は、やっぱり伸びると思いますし。町中の支援もそうだし、できない、かわいそうというところから、一歩、踏み出せるかどうかというのは大きいし、少しでも私達の話で、気付きを得てもらえる人が増えたらいいなと思っています。

最後に、この場を借りて公共図書館の皆様に、点字図書館からお願いをしたいことがあります。それは、本日話した内容に重複する部分はあるかと思いますが、公共図書館と点字図書館の〝連携〟です。それぞれの役割があり、公共図書館ならではの強みがあります。地域に根差しているとか、障害者だけでなく、子育て中の方とかご高齢の方とか、外国の方とか、町に根差したコミュニティーを期待されている場所であり、その中で、視覚障害者サービスをも提供していくことも進められていたりしますが、全方位にサービスを提供されていることを考えると、逆に言うと視覚障害者の個別の専門的なニーズを公共図書館に求めるのは難しいのかなという気がしています。気持ちがあっても何をしていいのか分からない……という公共図書館の方も多いかと思います。そういうときには、点字図書館は視覚障害者をターゲットに、専門的なサービスのノウハウの蓄積がある施設なので、うまく連携をすることにより、公共図書館のサービスの質の向上というのは期待できるのではないかと思います。それは、点字図書館も同じで、視覚障害の方にサービスを提供する、というところで幅を広げたいと思っているところですので、それぞれの強みを活かすような形で、協力をお願いできればと思っています。頼ってもらえればうれしいし、視覚障害者の情報を提供できるというところもあるので、まずは特性をそれぞれ活かして、話し合いや協働のイベントを企画するなどもできると思います。複数の窓口で、視覚障害者の方がご自分のニーズを解決できるよう分担するのではなく、連携により、サービスをつなげられるよう、公共図書館とのネットワークを作れればと思っていますので、どうぞよろしくお願いいたします。取り敢えず、今日私が話そうと思っていた内容は以上です。皆さんからも何か質問でも意見でもどんどん仰ってください」

西田館長がそう締めくくると会場の職員は一斉に拍手を送った。拍手がまばらになったところで、舞香が全体に向かって言った。

「西田館長ありがとうございました。東上市立中央図書館はこの分野において初学者ばかりのようなものなので、是非、この際、西田館長のお言葉に甘えて質問をなさってください」

月例会議のメンバーは館長の講演から得た、中身が濃い大量の情報を未だ咀嚼しかねているようだった。「井上さんなら、絶対に質問ありますよね。質疑応答の時間があるので、誰も発言しなかったら、井上さんがしてくださいよ」と事前に舞香から言われていて、確かにそのタイミングだったので、和美は西田館長の話を聞いていて、是非尋ねてみたいことを聞くべく、挙手した。舞香が和美を指名して、発言を促した。

［質問：メディアの使い分け］

「西田館長もＫｉｎｄｌｅをお読みでいらっしゃるということで、オーディオ・ブックとかＡｍａｚｏｎのＡｕｄｉｂｌｅとかもあるかと思うんですけど、その辺りも結構ご利用になっていますか」

和美が尋ねると、すぐさま西田館長は応え始めた。

「Ａｕｄｉｂｌｅを最初に使ったのは、それこそ二〇一〇、二〇一一年ぐらいです。その頃は、日本のサービスじゃなくて、簡単な洋書とかでした。英訳の村上春樹が結構、Ａｕｄｉｂｌｅに揃っていたんですね。私は村上春樹を結構読むので、それで使っていましたね。それが日本でも上陸して、今はサービスの内容が変わって、読み放題になりましたけど、現在は頻繁には使ってないですね。その理由の一つは、声で読むのならそれこそ点字図書館で今たくさんの録音図書を作っていますけど、それがサピエ図書館で、インターネットでつながっているところで、DAISY規格のダウンロードができるんです。ですので、結構いろんなものを選べるようになってきているのと、同じタイトルがKindleとAudibleであったら、Kindleの方が安いっていうのもありますが、Kindleだと合成音声で、ある意味、読みの品質が標準的なのと、たとえば漢字や仮名交じりとかを確認して気に入ったところをペーストしたり、いわゆる内容を読むという以外の付加機能を柔軟に使えるんですね。そういう意味で、私はKindleの方を好みで使っていますね。結構、今、オーディオコンテンツも世の中的に熱いので、それもいい時代になったなと思います。あと、ジャンルによって強み、弱みってあると思うんです。サピエ図書館とかいわゆる点字図書館、一部の公共図書館の障害者サービスで作っているものは、基本、公共性の高いものが多いです。結構、小説とか文学とか、新書など、最近こそいろんなバリエーションがあって、雑誌とかも含めて出ていますけど、たとえば経営とかマーケティングとかのビジネス本ってサピエ図書館とか点字図書館には全然ないんですね。意外とオーディオ・ブックとかAudibleは、一行で分かる会計の仕組みとか、決算書の読み方とか、経営戦略の本などのビジネス書や啓発書とか一般のオーディオ系のコンテンツが強いんです。中小企業診断士の勉強もしていたので、そういった観点で分けて使っていましたね。

あとは、サピエ図書館のタイトルを見渡してみると、意外に官能小説もあったりします。やはりそこは外せない分野ということかもしれません。今はテクノロジーを駆使すればどうとでもなるところもあると思うんですけど。それこそ昔を考えると、これ割と笑えない話で、娯楽っていうのも人間が生きていく上で重要な要素なんですね。結構、視覚障害者が遊ぶのって難しいんですよね。六本木とか、クラブに行って、とかがなかなかできないですからね。そういった意味でどう娯楽を増やすか。ゲームとかも一部オーディオとか、そういったアクセシビリティに対応しているものもあります。頑張ってポケモンのゲームをしているという人を聞いたことがあります。どうやって遊ぶか、という部分は、結構、真剣な議論をするべきかと思っています」

西田館長は、和美が想定している以上に多くの回答を返してくれた。「ありがとうございます」と和美が言うと、和美の後ろの席に座っていた山田課長がすかさず手を挙げた。

「実際に公共図書館を利用されている視覚障害者の方が求められてる資料って、娯楽性の高いものもあればビジネス書もあると思うんですけど、どの資料、どのジャンルが一番、需要としてはあるんでしょうか」

山田課長の質問を頷いて聞いていた西田館長は、またしても迷うことなく回答を始めた。

「最大公約数を取ると、読み物系とか一般の方向けなものが多いのかなと思うんですけど、本当に必要な、たとえば大学の専門的な研究をする人しか読まないような本は、その人にとっては読まないといけないものです。そういったものをちゃんとケアできるのか。統計で多いもの、というところではない部分に、結構、深いニーズもあるんです。逆にサピエ図書館にあまり見当たらないのは専門分野の書籍です。私も文学部にいて、〝読めたらいい本〟リストとかがありつつ、結局、読み切れなかったんですけど、ふとＫｉｎｄｌｅで見ると、お目当ての本が、結構あったりするんですよね。学生の頃、こんなのがあったら良かったなとか思いながら、読んだりはしてますね。読みたくても読めない本ばっかりだったので、読書に飢えていました。意外と周りは適当に読んだ振りをしている人が多いんだなというのはありますけど、やっぱり読みたくて読めないのと、読めるけど読まないのとでは全然、質が違うものですから。そこまで困ってなかったかもしれませんが、ある種そういった幅が広がっていけばいいなと思いますね。使い分けですよね。サピエ図書館の強みもあれば、オーディオ・ブックは一般の方を対象にしている強みもあると思うので」

「あとはよろしいですか」と舞香が尋ねると、皆充実した表情をしていて、挙手するものはいなかった。その様子を見て、舞香が西田館長に今日のお礼を述べると、また拍手が巻き起こった。皆が口々に「凄かったです」とか「ありがとうございました」と西田館長に感想を述べると、西田館長も笑みを浮かべている。舞香が西田館長を誘導しながら、ともに部屋を出て行くと、その後を山田課長が追って去って行った。

第9章

和美、館内会議で発表する

第9章　和美、館内会議で発表する

西田館長が去った後の会議室にはそのまま月例会議のメンバーが残り、引き続き開催される月例会議までの十五分程の休憩時間を過ごしていた。その様子は、長い緊張から解き放たれて、放心とか弛緩に近い状態で、皆が西田館長の話の濃密さや世界観の広がりの大きさに、完全に圧倒されていた。

そこへ山田課長が戻って来て、西田館長が掛けていた席や、講演で使用した機器などを片付けていた舞香に指示した。

「澤田さん。井上さんと一緒にロゴス点字図書館の方々をよく知っているようになったようだから、ちょっと、メンバーではないけど、この後も残って月例会議に参加してください」

「分かりました。じゃあ、ちょっと席に戻って、課の人に伝えてきます」

舞香はそう言うと会議室から小走りに出て行った。そして、舞香が再び会議室に現れたのを確認して、課長は全員に向かって呼びかけた。

「え〜と。今回はかなり変則的な構成になっていますけど、本来の月例会議の方に移行します。みなさん、よろしくお願いします」

参加者が「よろしくお願いします」と一堂に応じたが、声はいつになく緊張感がなく、揃ってもいなかった。舞香がその様子に「え。いつもこんな感じなの」と辺りを見回した。苦笑いをしながら課長が話し始めた。

「え〜。私もそうだけど。まあ、皆に尋ねるまでもないね。いやいや、西田館長のお話は圧巻だったね。澤田さん、録音はできたのかな」

「はい。西田館長に、録音とその音声を今後の研修に使うことを快諾していただいたので、無事録音もできました。念のため、ボイスレコーダーもセットしてありますので、仮に機械の不調とかがあってもバックアップがあります」

そう和美が即答した。

「うん。よかった。この音源は今後研修の素材にも使えると思うのでね。さて、その西田館長のお話は、何というか〝凄い〟の一言に尽きる感じだったね。館長の重ねてきた苦労の厚みというか、小学校卒業直後に突如急激に視野を失う絶望から、如何に自分の状態に向き合い、それを受け止めて、自分の人生を切り開いたかが、勝手に想像させられてしまうような、そんな凄い話だったというのが、まず一点だね。それが館長の軽妙な語り口で、変にこちらが気を使う必要もなく聞けるというのは、館長がそれだけ当たり前に自分の障害……、というよりも、障害と共に生きることをきちんと自分のものにしているからということなんだと思ったよ。まあ、気を使わないと言っても、流石に『お先真っ暗、本当に真っ暗』で笑えなかったけどね」

課長が苦笑いを一層強くしながら言うと、参加者たちがくすくすと笑い始めた。

「一点目はやはり、そういう西田館長の障害と共に生きる人生の話。それは周囲の人の認識のありかたも巻き込んだ、俯瞰して観ているような話だったように私は感じたんだよね。それで、二点目は西田館長の人生を大きく転換させ、『閉じた世界を開く』ことになった要因となっているテクノロジーの話。これは、知識として分かっているけど、実際にiPhoneで実演してもらうと、言っている意味がストレートにというか、直感的に分かって凄かった。で、これから、この後、井上さんが話してくれる、ウチの館で進めようとしている視覚障害者支援の方向性のようなもの、まあ、素案と思ってもらっていいけれども、そこにもメインのサービス材料の一つとして登場する音声DAISYも、スマホの社会浸透と機械音声の普及で、徐々に利用される度合いが限定されていくだろうということも分かったね。西田館長からさっき帰り際の立ち話で聞いたところでは、まだまだカセットテープに音声を録音して欲しいという利用者さんもいらっしゃるようだから、まだ将来のことと考えてもらっていいけど。ただ、いずれにせよ、ウチの図書館でもそうだけれども、点字図書館という点字を名前に冠している図書館でも、点字はじわじわと利用者を減らしている状態で、特にある程度年を取ってからの中途失明者の人々が点字を学ぶケースも少なくなってきていて、その人達がICTのリテラシーがそれなりにあるという時代が来つつあるのは間違いないようだから。もちろん、点字は大事なものではあるけれども、そういった時代の変化や技術の進展が、利用者さんの生活を大きく変え、さらに私達に求める事柄も大きく変化させていくということが、本当は、もっと明確に何かマインドマップのようなものにまとめたら良いのかもしれないけど、漠然と分かったという感じだったね。少なくとも今の、聞き終わったばかりの私達の頭の中では……」

また課長につられて、参加者たちが笑っている。今度は頷いている参加者も数人いる。

「それで、三点目。さっきの話の中に出て来ていたけど、やっぱり、図書館がどう変わっていくべきかという方向性が大枠で提示されている、というふうに感じた人は多いんじゃないかな。私も驚かされたけど、点字図書館の館長の立場で、点字図書館という名称は象徴的なものでしかないという見解や、それどころではなく、点字図書館は原理的には消滅すべきもの……というようなことまで仰っていて、正直、発想についていけなくなりそうだったよ。けれども、西田館長は現場で現実にどっぷりつかっている中で、そのような点字図書館の未来を見ているということは、とても大事なことだと思うんだ。逆に点字図書館消滅の未来がもし来た時は、私達公共図書館が、本当の意味で、すべての人にサービスを提供できるようになっている時であるということで、現在やろうとしている視覚障害者支援のサービスなんてほんの最初の一歩で、その先に長い遥かな道があることが分かったね。そう言うと、それこそ『お先真っ暗』のように聞こえるかもしれないけど、そうではない。私はそう思ったよ。むしろ、西田館長のお話を聞いて、ICTの進展が劇的にユニバーサルな状態の実現に向けて社会を推し進めたことが分かるよね。だから、私達公共図書館の立場でできることも、そういった技術を意識的に採り入れていくことで、より早く確実に歩を進めることができるということでもあると思えるんだよね」

課長の話に参加者はメモを取りながら頷いている。

「さあ、私ばかり話しても仕方がないから、井上さんに、ウチの館でどんな視覚障害者サービスを始めていくかという素案を話してもらおうか。じゃあ、井上さん。いいかな。ん、プロジェクタの用意を澤田さんがしてくれているんだね。じゃあ、準備ができ次第始めてください」

会議室の奥の課長の席のテーブル端に和美が移動し、舞香が用意したプロジェクタに映ったスライドの内容を説明し始めた。それは、先週、和美が二人の課長に話した内容を箇条書きにしてまとめたものだった。

最初にゴールとして実現すべき、ダウンロード資料や相互貸借資料を活用した音声図書貸出のサービス、そして、予約制対面朗読のサービス、その二種類をスライドで説明した。参加者は「なるほど」と配布された資料に書き込みを行なっていた。

その後、その実現に必要なツールやマニュアル類がリストアップされて提示されると、参加者の表情は徐々に険しくなり始め、「これは大変なことになるぞ」と誰もが予期し始めたことが、初めて参加した舞香にも分かった。

そして、実現に必要なカウンター・スタッフ全体を対象にした研修計画に至って、身につけるべき知識や利用者対応動作など、その膨大な量に全員が圧倒され始めた。和美が説明を終えると、皆が微かに嘆息した。

「うん。井上さん。ありがとう。説明してもらった通り、まずは、個々にいるみんなはもちろん、カウンター・スタッフの全員に至るまで、マスターすべきことがたくさんあるということが分かったね。特に、今日までの研修計画にはなかったけど、さっき井上さんが西田館長に質問していた、メディアの使い分けとその背景にある個々のメディアの強みや弱みのようなことは、分かりやすくまとめて皆で共有するようにしたほうが良いね。まあ、スタートから盛りだくさんにする必要はないのかもしれないけれど」

課長の指摘を受けて、和美は意見を述べた。

「はい。分かりました。私も今日、西田館長の何か圧力さえ感じるような、学びが盛りだくさんな話を聞いて、今回の二つのサービスにばかり着目するのではなくて、もともとウチの館に既に存在する、僅かですが点字図書やオーディオ・ブック、大活字本なども統合した、さっき課長が言っていたメディアの使い分けの話をきちんと作って、研修の内容に組み入れなくては駄目だなと、丁度思っていたところでした。さっきの課長の指示の話も含めて、研修内容やトークスクリプトの内容を見直すようにします」

課長はそれを聞いて、「うん。最終的なゴーサインが出たら、井上さんや、澤田さんも入ってもらって、今、井上さんが説明したような方針を具体化する館内のプロジェクトを立ち上げることになると思うから、今日話を聞いたメンバーも、そのような理解でいてください」と全員に向かって言った。

こうして、和美の取り敢えずの月例会議のタスクは、多くの人達からの、よく言えばインプット、悪く言えば受け売りの集大成で、何とか終えることができた。和美と舞香は、参加者が皆去った後の会議室のテーブルを並べ替えて片づけをしながら、「あ〜、終わったねぇ」と笑い合った。

エピローグ

「そうなんです。もう半年以上経ちましたね。平井さんに色々教えてもらって、西田館長のお話をアレンジしてもらったり、青井館の橋本さんを紹介してもらったり、その後も、カウンター・スタッフの研修の内容にもいろんな素材を貰ったり、ボランティアさんを紹介して貰ったり、おんぶにだっこでしたけど、長い館内研修も少しずつ、スケジュール化して実現して、大分ちゃんとした形になって、ＰＲも始めたんですよ」

和美が多目的室でノート型ＰＣに向かって話している。モニターにはオンラインで話す平井さんが大きく映っていた。

「それで、平井さんにきちんと報告しなきゃダメなんですけど、平井さんに紹介してもらった対面朗読のボランティアの真島由紀さん。さっきお帰りになりました。とってもお世話になりました。対面朗読を今回私、見学させてもらったんです。お話し会のような感じで、ただずっと読んでいくのかと思っていたんですけど、全然違って。利用者さんと結構コミュニケーションを取りながら進めるのが、凄く新鮮でした。あ、私にとって、ということですけど。あと、辞書で読みを調べたり、途中で休憩したりとか、そういうものだというのが、私も初めて分かりました。いや、対面朗読第一号さんが予約で入ったときには、物凄く緊張して、澤田とかも、混乱しちゃったりしていたんですけど、何とかなりました。ありがとうございます。というよりも、何とかなったなんてレベルじゃなかったんです。その利用者さんが、とても喜んで、『前いた所の館でやってもらっていたときよりも、自分が持ち込んだ雑誌の聞きたい箇所をきちんと読んでくれる』って言っていて、月一回ずつ予約することになったんです。初回にして大成功かなと思っています」

和美の報告の声が、完全にドアが閉められていない多目的室の外の廊下にも漏れている。平井さんがモニターの向こうで何事かを笑いながら言っている。

「そうなんです。最初、持ち込み資料って何だろうって思って。それが以前その利用者さんが失明される前に参加していた俳句の会が半年に一回ずつ出している句集だというので、確かに、これは、売られている本でもないし、ましてサピエ図書館にもあるわけがないし、持ち込みっていうこともあるのかと、言われてみたら当たり前のことなんですけど、初めて気付きました。それに、さっきまでここで、対面朗読が終わった後に、真島さんと話をして色々聞いていたんですけど、音訳ボランティアさんも何か得意分野のようなものがたくさんに分かれているんですね。それ以前に、予約した利用者さんとの性格的な相性もあるのかもとか、いろんな事を考えちゃいました……」

漏れている和美の声を廊下で確認して、舞香がドアを開けて多目的室に入ってきた。モニターの中を見て、「あ。平井さん。こんにちは～。お元気でしたか」と今までの話の流れを全く無視して、挨拶しつつ割り込んだ。そして和美に向かい明るく言った。

「さっき、対面朗読の利用者さん。お嬢さんが迎えに来て、お帰りになりましたよ。来月が楽しみだって何回も言っていました。お嬢さんも喜んでいて。あ。そうそう。お嬢さんは、私が一番最初に会った時のことを覚えていたんですよ。予約して下さったときの電話対応とかカウンターとの接点はあっても、ずっと、私もお嬢さんと話はできていなかったんですよね。『お母さまが初めてお嬢さんといらしたときの対応が一つのきっかけになって、ウチの館のこういうサービスが始まったんですよ』といったら、『え〜責任重大ですね』って笑ってました」

舞香がケラケラと心から楽しそうに笑っていると、和美もつられて何やら高揚してきた。その様子をインターネット越しに見ている平井さんもニコニコしていた。こうして、東上市立中央図書館の視覚障害者サービスは小さな一歩を踏み出した。

（Fin）

あとがき

もう三十年以上も前、初めて視覚障害の方のお話を聞きました。

電車を降りるときに、男性がサポートしてくださったそうなんですが、その時に、男性のお子さんが、「パパ、この人パパのお友達なの?」と聞いたそうです。そして、男性は「そうだよ。パパの大切な友達なんだ」と答えたそうです。

私の心の中には、いつもこのお話があります。まさしく今の時代で言う、共生社会です。

仕事をしていると、利用者からさまざまなレファレンスを受けます。写真が多くて録音図書にするには難しいとお伝えした時に、「僕は一生その本を読めないんだね」と寂しそうに言った利用者、シリーズ本のうち、途中が点字図書でも録音図書でも作られていなかった時、「では副書名と内容を今読んでね。それで思いを馳せるから」と言われたこと……これらの言葉を聞くと、司書として情けなくなると同時に、もっと楽しく読書をできるように、情報を提供できるようにすることに躊躇してはならないと気が引き締まります。

DBジャパンさまの一本の電話からご縁が広がり、多くの方のご支援をいただき、出版することができました。

DBジャパンの皆さま、取材に協力してくださった横浜市中央図書館の斉藤恵子さま、公共図書館で働く視覚障害職員の方々、ロゴス点字図書館館長はじめ職員の皆さん、障害者サービスに携わる多くの仲間の皆さまに感謝いたします。

図書館はさまざまな分野の専門家や研究者がいて成り立っています。障害者サービスもそのひとつです。本書を読んで、少しでもやってみよう、始めてみよう、かかわってみようと思ってくださったら幸いです。また、公共図書館の職員だけではなく、どんな人にも、このような世界を知っていただけたら大変嬉しいです。

改めて、関係者の皆さまに深く感謝申し上げます。

ありがとうございました。

平井利依子

読者限定！

「著作権法第37条を読み解きましょう」の解説動画＆資料がダウンロードできます！

https://www.db-japan.co.jp/osiete_hiraisan_download/

［参考書籍］

『図書館利用に障害のある人々へのサービス　上巻』／日本図書館協会障害者サービス委員会編／日本図書館協会
『図書館利用に障害のある人々へのサービス　下巻』／日本図書館協会障害者サービス委員会編／日本図書館協会

平井《ひらい》　利依子《りいこ》

1989年、神奈川県ライトセンターに入社し貸出、受入等司書業務を担当。2000年に神奈川県立図書館へ半年間転勤（人事交流）した後、2004年に録音・拡大写本（ボランティア養成、活動のケア等）担当、2010年に貸出･受入等の司書業務を担当する傍ら、拡大写本蔵書製作を立ち上げる。2016年にボランティア担当も兼務。2018年から総務を担当した後、同年12月に神奈川県ライトセンターを退職。2019年にロゴス点字図書館に入社し、2023年7月現在は館長。2002～2004年に全国視覚障害者情報提供施設協会サービス委員会目録プロジェクト委員を務め、2007年から現在まで、同協会の著作権プロジェクト委員。2015年には公益社団法人日本図書館協会認定司書（第1107号）を取得。

「教えて！先生」シリーズ
平井先生。図書館では視覚障害がある方に向けて
どんな支援ができるの？
～ストーリーでわかる視覚障害者サービスの考え方～

２０２３年７月２５日　第１刷発行
２０２３年９月２５日　第２刷発行

監修　平井　利依子
発行者　道家　佳織
編集・発行　株式会社DBジャパン
〒151-0073 東京都渋谷区笹塚1-52-6
千葉ビル1001
電話　03-6304-2431
ファックス　03-6369-3686
e-mail　books@db-japan.co.jp
表紙イラスト　あさな（ペンネーム）
イラスト協力　日本工学院専門学校
クリエイターズカレッジ　マンガ・アニメーション科
装丁・DTP　DBジャパン
印刷・製本　大日本法令印刷株式会社

ISBN 978-4-86140-332-3

Printed in Japan